Biblisk
Fasta och Bön

av Nils-Erik Bergström

Biblisk Fasta och Bön
Översatt från "Dedication through Fasting and Prayer"
Copyright o 2001, by Nils-Erik Bergström
Herrens Press
Tryckt i USA
ISBN: 1-56599-039-0

Uppegårdsvägen 64
44443 Stenungsund
Svergie
Tel 0303-65454
E-mail - nilserik.bergstrom@telia.com

Bibeltexter är, om inte annat står skrivet hämtade ur Bibeln 82 och Svenska Folkbibeln 98

Biblisk Fasta och Bön

av Nils-Erik Bergström

Innehållsförteckning

ÖVERLÅTELSE GENOM BIBLISK FASTA

DEN GRUNDLÄGGANDE LÄRAN OM PERSONLIG BÖN

Syftet med denna bok

Avsikten med den här boken är att återställa, upprätta, och skickliggöra Kristi kropp, kyrkan och dig, genom Guds ord och din överlåtelse genom tron, och frambringa en livsstil av mer praktisk självklar tjänargärning

Tillsammans med din hängivna överlåtelse och den helige Andes ledning, kan detta segerrikt åstadkommas så att ditt sinne och din livsstil, praktiskt och andligt förlöses för Guds syften. Om du redan fungerar på detta område, kommer du att känna igen mycket i den här boken som kommer att bekräfta, styrka och välsigna dig.

Det är ingen tillfällighet att fasta och bön är det mest negligerade område i västvärldens kyrkor och undervisning om fasta nästan obefintlig.

Jag vill uppmuntra dig att välkomna den här möjligheten att på ett aktivt sätt engagera dig i en praktisk, enligt bibeln självklar tjänargärning. Genom att regelbundet fasta och be i överensstämmelse med vår Herres Jesus klara lära. I Johannes 14:23 sade Jesus:

"Om någon älskar mig, bevarar han mitt ord, och min fader skall älska honom, och vi skall komma till honom och stanna hos honom."

Engelskan utrycker detta mer påtagligt "alla som älskar mig, gör som jag säger" eller med andra ord: överlåtelse genom kärlek och trons lydnad.

Öppningsbön:

Jag tackar min Herre Jesus Kristus Gud och Fader, som genom Sin nåd och den helige Andes ledning brukat mig i att författa denna bok. Med glädje och tacksamhet prisar jag och ger Dig Jesus äran. Ditt Ord syftar till att nådigt och kraftfullt verka i varje människa, så att vi kan ta emot och praktisera Din lära för att bli utrustade att nå fram till en sådan mognad att vi blir helt uppfyllda av Dig Jesus och glädjefullt få fungera i Din kropp som är församlingen.

I samstämmighet med Din bön beder vi att bli fullkomligt förenade till ett, nu idag, i morgon och för evigt Ditt underbara namn till ära i Faderns och Sonens och den helige Andes namn. Amen

Med tacksamhet

Ett särskilt ord av uppskattning till mina pastorer min son Yngve Bergström här i Sverige, och min svärson David Guzik i Kalifornien. Utan deras hjälp och uppmuntran hade inte denna bok kommit till. Vidare vill jag tacksamt erkänna min sonhustru Katarina Bergström och Maria Wu som varit en god tillgång vid översättningen till svenska.

Nils-Erik Bergström

Börja med att läsa detta

Bibeln gör skillnad mellan att dels praktisera ett leverne av hängiven överlåtelse genom bön och fasta regelbundet, och dels genom att praktisera detta vid särskilda tillfällen. Den här boken kommer att belysa båda dessa aspekter ur såväl praktisk som andlig synvinkel. Detta så att vi bättre kan utföra vår individuella andliga gudstjänst, och fungera i vårt konungsliga prästerskaps plikter genom självklar tjänst inför Gud, vår Fader och i vår tjänst till våra medmänniskor. Detta hör till vårat liv som ett mått av mognad, att i kraft av Hans nåd inrätta oss efter Guds-ordets klara anmodan att frambära våra kroppar som ett levande offer som behagar Gud. Alltså ingen prestation i sig själv, utan enbart att leva ett liv i enlighet med Ordet.

I första hand kommer jag att genom den helige Andes ledning belysa vad Bibeln lättfattligt och klart uppenbarar om regelbunden överlåtelse genom fasta och bön varje vecka. Sedan belyser jag, igen genom den helige Andes ledning vad Bibeln har att lära om hängiven överlåtelse genom bön och fasta vid särskilda tillfällen, påkallade av den heliga Ande och när våra ledare uppmanar oss, eller när det uppstår särskilda behov.

Vi skall vara så rustade att vi kan frambära våra kroppar som ett levande offer genom fasta och bön även för längre perioder, som tre till fyrtio dagar i ett sträck. Detta är alltså en överlåtelse som inte kan ersättas av något annat.

Lägg märke till att jag repeterar frasen "genom den helige Andes ledning" och vill med detta understryka att vi inte skall låta oss ledas genom människo-regler, varken när det gäller att bejaka eller förneka denna sanning, utan enbart genom Anden. Anden leder oss inte att uppfylla Mose lag, men genom Andens ledning och lära kan vi leva ett heligt och hängivet liv som inte står i motsats till Mose lag.

Vi är ju ledda av "Kristi lag" som är skriven i våra hjärtan. Vi *behöver inte vänta tills vi känner att vi är ledda eller styrda att* göra vad den helige Ande klart o tydligt uppenbarar för oss genom Ordet. Vi kan engagera oss efter Ordets övertygelse i våra hjärtan, även om våra känslor talar för att det är i köttet. Därför att vi vet att Guds-ordet är den helige Andes väg, oavsett vad våra känslor säger. Naturligtvis gäller ju denna sanning i alla skeenden i vår mognadsprocess, men jag har förstått att den är speciellt gällande i detta sammanhang. Därför att detta har att göra med våra levnadsvanor när vi aktivt lär oss att korsfästa köttet regelbundet.

Vi kan se skillnaden mellan "Kristi lag" och Mose lag, genom att Mose lag var baserad på löften som var betingade av prestation, så motiveringen var att prestera att göra något för att bli välsignad, eller att lida olydnadens konsekvenser.

Däremot i det nya förbundet "Kristi lag" som inte är belagd med prestation, så blir motiveringen för lydnad och välsignelser totalt annorlunda, Jesus Kristus har presterat eller betalat priset, så vi är redan välsignade, helgade och rättfärdiggjorda genom Hans blod.

Alltså förlossade och fria, med den motiveringen och anledning eller på grund av vår uppskattning, tacksamhet och kärlek vill vi prestera, ställa oss till förfogande, bli skickliggjorda för att betjäna Honom först och sedan våra medmänniskor.

När vi kommit fram till den insikten att Guds folk vid upprepade tillfällen ödmjukade sig på området av bön och fasta, vilket även vår Herre Jesus Kristus gjorde, så ligger det självklart i vårt intresse att lära oss allt om hängiven överlåtelse genom fasta och bön i enlighet med vad Bibeln lär. Följaktligen vill vi bejaka vad den heliga Ande betonar gällande dessa områden för att uppenbara och hjälpa oss nå målet. Det är viktigt för oss att förstå att hängiven överlåtelse genom fasta och bön i sig själv inte är något mål utan endast vägen, men att även vägen har en klar inriktning.

Vi får inte förväxla detta utövande med att bli mer fylld av den helige Ande. Det handlar mer om att vi ska bli ännu mer hängivna Honom och att aldrig se på detta som någonting annat än en livsstil som hör hemma hos alla troende. Om du är en troende som aldrig fastat, måste du tänka om.

Det som kommer att danas i våra hjärtan får inte bli någon prestation utan en presentation av det ljus vi är. Då Jesus Kristus genom sin rika nåd gjort dig värdig att få del av det arv som alla vi heliga har i ljuset.

Du får inte tillåta dig själv att se över eller bortom, med andra ord skapa ursäkter, på detta område av tillgiven överlåtelse genom fasta och bön eller låta okunnighet, lathet och något annat styra dig. Du kan nu beslutsamt och definitivt lägga alla hinder bakom dig, och välja att anamma sanningen, att bli fri, att förnya ditt sinne, att lyda och underordna dig den helige Andes ledning som Jesus gjorde under sin vistelse här på jorden.

Det är din skyldighet som det heter i 1 Johannesbrevet 2:5-6:

Men hos den som håller fast vid hans ord har Guds kärlek verkligen nått sitt mål. Så vet vi att vi är i honom Den som säger att han förblir i honom är skyldig att själv leva så som han levde.

Vi kan bli rentvådda från våra synder, genom regelbunden syndanöd och ånger uttryckt i fasta och bön, innan våra hjärtan blir förhärdade.

Det här låter som en kraftfull förmaning, och det är vad det är. Så är det med mycket i syfte att leda oss i vårt liv. Ofta är det tillrättavisning. Men vad är syftet?

Vad all förmaning syftar till är kärlek som kommer ur rent hjärta, gott uppsåt och uppriktig tro. 1 Tim. 1:5

Inledning

Sedan talade Jesus till dem och sade: "Jag är världens ljus. Den som följer mig skall inte vandra i mörkret utan ha livets ljus."
Joh. 8:12

Ljuset leder till liv. Vi vill anbringa ljuset från Guds ord beträffande överlåtelse genom regelbunden bön och fasta, och på så sätt låta det verkligen bli en skillnad i vår livsstil. Att verkliggöra Jesus i vår levnad, som i Ps. 119:105:

Ditt ord är mina fötters lykta och ett ljus på min stig.

Ordets, detta livets ljus, ja bli uppfyllda så att vi kan fullfölja vår personliga kallelse och på detta sätt ära Gud med våra liv.

Vi är uppmanade att följa Jesus Guds son livets Ord som fastade och lärde oss hur vi skulle fasta. Om före detta alkoholister eller missbrukare, som blivit befriad från sitt missbruk, vittnar för andra missbrukare, hur de blivit frigjorda, så har det en stor inverkan på dessa människor, därför att de känner igen sej själva, dom talar en missbrukares språk så att säga.

På liknande sätt, kommer mitt vittnesbörd att framträda i denna bok, som en för detta ickefastande troende, därför att nu vet jag, vilken oerhörd tillgång och förmån, som uppdagas genom en självklar personlig gudstjänst. Jag hade gått miste om detta i mitt liv, i stort sett därför att jag varit okunnig och ovetande. Jag var helt enkelt inte medveten eller intresserad av hängiven överlåtelse i den här formen av fasta och bön.

Min förhoppning är att denna bok skall hjälpa dig att öppet och lydigt ta emot denna sanning som den helige Ande leder dig till, och att du också blir frigjord från den bundenhet som okunnighet håller dig fast i, speciellt på det här aktuella området.

Den förståndiges hjärta söker kunskap, men dårars
mun far med oförnuft. Ords. 15:14

Missbruk behöver inte nödvändigtvis vara alkohol eller droger, det kan vara en ful vana. Missbruk är ju allt som leder till skada på något vis. Det första som skall till, för att en ändring skall komma till stånd är att personen i fråga erkänner problemet och söker hjälp. Det största problemet är ju attityden eller inställningen att "jag är inte beroende, jag har kontroll, jag kan sluta när jag vill." Detta är en vanlig attityd i dom flesta fall av missbruk, och som vi känner till leder det bara till fortsatt missbruk. Vi är väl medvetna om att vara beroende av eller hemfallen till något, vad det än är, menas att vi är styrda av detta. Det kallas också vanebildande. Detta är faktiskt avguderi. Vi hänger oss, bedriver eller dyrkar något med vårt sätt att leva, genom vårt dagliga beteende. Konsekvensen blir då att vi medvetet syndar. Det som styr och leder oss som inte är av Gud måste bekämpas. Det är det som är en del av trons kamp. Det heter ju: allt som inte är av tro är synd.

Synden skall alltså inte få härska i er dödliga kropp, så att ni
lyder dess begär Ställ inte era lemmar i syndens tjänst, som
vapen åt orättfärdigheten ,utan ställ er själva i Guds tjänst.
Rom. 6:12-13

Det är lätt att förstå att vi alla föredrar att försvara vår livsstil. Vi kanske inte passar in i bilden av en missbrukare. Ditt omdöme om dig själv, är att Du är en ganska ordinär person, fri från droger, alkohol, spel, eller annat missbruk. Du kan med övertygelse konstatera: "Jag är en respekterad god kristen, precis som vilken annan som helst." Det är sant, men det är det som kanske är problemet, att du är nöjd och självbelåten, tillfreds med dig själv med att vara en "ordinär" eller "vanlig" kristen.

Sanningen är ju den, att du är en ny skapelse i Jesus Kristus, och det är inget ordinärt eller vanligt med det. Du kan inte fortsätta att leva ditt liv på samma sätt som resten av människorna i denna världen lever, inte på något sätt. Du är personligen utvald av Gud. Tro skapar överlåtelse till Gud, som tar sitt uttryck i fasta och bön. Tro som inte frambringar konstant förändring genom förnyat sinne är inte av frälsande karaktär, och skapar följaktligen inte heller någon tillväxt.

När vi inte tar itu med ett beroende eller avguderi som vi har i vårat vanliga ordinära liv (det finns även religiösa vanor som tenderar samma sak) så underhåller vi ett otrosmönster och kan följaktligen inte växa till mognad i vår tro. Vi blir därför fruktlösa och kalla. I Johannes uppenbarelse säger Jesus till sin församling: *Jag känner dina gärningar, du är varken kall eller varm. Om du ändå vore kall eller varm!*

Du kanske anser dig själv vara överlåten, hängiven, dedikerad och verksam genom ditt engagemang som predikant, pastor, präst, äldste, eller någon annan tjänst inom eller utom församlingen, kanske som en lekman. Det kan också vara din utbildning, ditt arbete eller din hjälpinsats i något sammanhang. Vi kan vara så ockuperade i vår situation, vara ihärdiga och engagerade på många sätt, så att vi inte hinner reflektera över det mest fundamentala nämligen nödvändigheterna såsom överlåtelse till vår Fader o Gud genom personlig, regelbunden gudstjänst med fasta och bön.

Att stå nära Gud i alla våra engagemang och aktiviteter kommer naturligtvis att bidra till vår mognad i Anden och leder oss till att bättre inse och få klarhet över att överlåtelse på detta sätt är ett mognadsbevis som är bibliskt, logiskt, sunt och förståndigt. En tro som inte är förståndsmässigt grundad skapar inte något liv. Utöver allt detta är det också helt och hållet i överensstämmelse med Hans vilja och att Han kommer att belöna dig för detta. Så låt oss hämta styrka i Ordet och bli mer överlåtna, ödmjuka och underordnade för ingen annans skull än Hans vår Herre Jesus Kristus. Han har skänkt oss sin härliga nåd och är värdig att prisas.

Den som älskar tuktan, han älskar kunskap, men oförnuftig är den som hatar tillrättavisning. Ords. 12:1

ÖVERLÅTELSE
GENOM
BIBLISK FASTA

Första delen

Berör Hängiven Överlåtelse genom Fasta Alla Kristna?

Vi börjar med en lätt frågeställning.

Naturligtvis berör hängiven överlåtelse genom regelbunden fasta alla kristna, därför att all gudomlig vägledning gäller eller berör alla Guds barn. Det väsentliga i den här frågan är om vi tillgodogör oss Hans vägledning, om vi verkligen inrättar vårt sätt att leva så att det stämmer med Hans direktiv och ändamålsenliga vägledning. Inte bara i kyrkliga samanhang, utan dagligen.

Uttrycket för trons lydnad ska karakterisera våra levnadsvanor och handlingar och inte enbart vara vår muns bekännelse. Det ska vara så påtagligt att vårt leverne genom den helige Andes ledning skapar frukt i våra liv och följaktligen formar Kristuslik karaktär på ett märkbart, kärleksfullt, klarsynt och regelbundet sätt.

Förvissningen och den totala övertygelsen om vad Guds klara uppenbarelse för mig personligen betyder i den här frågan berör mig så eller kräver, att jag som ett Guds barn ödmjukt och hängivet underordnar mig den övertygelsen. Det betyder inte att själva handlingen i sig själv är något mål, det är enbart medlet. En förnyande fullkomligt bestående förvandling är vad det handlar om, för det är Hans vilja att vägleda oss. Att växa till i andlig mognad och att leva och verka i samstämmighet med Ordet på alla livets områden tar tid, särskilt när det kommer till hängivet underordnande genom regelbunden fasta. Den här beskrivningen verkar vara enbart för människor i någon kyrklig befattning. Inte alls det gäller oss alla.Hämtat ur Ords. 15:14 läser vi.

Den förståndiges hjärta söker kunskap, men dårars
mun far med oförnuft.

Så här kan man beskriva en gudsmänniskas levnad: En lång, gudfruktigt uthållig livsstil, rationell och andlig, som målmedvetet etablerar en distinkt karaktär präglad av Jesu likhet i alla livets skeenden.

Är Hängiven Överlåtelse genom Fasta Guds Vägledning?

Naturligtvis är det Hans vägledning. Det är 94 verser som det talas om fasta i Bibeln, 46 i det Nya och 48 i det Gamla Testamentet. När vi fortsättningsvis tittar lite närmare på en del av dessa bibelställen, vill jag inspirera dig just genom Ordet och min erfarenhet. Sedan 1986 har jag personligen praktiserat denna gudstjänst som en del av min livsstil, genom regelbunden fasta och bön. Människor i min omedelbara närhet har erfarit att jag genom åren lärt mig en del om olika aspekter när det kommer till det här området av tillgiven överlåtelse och hängivet underordnande genom personlig, aktiv, rationell, andlig gudstjänst. Genom Guds nåd och deras uppmuntran vill jag dela med mig av den erfarenheten till dig.

Tro är inte enbart det man säger, utan den är aktiverad eller praktiserad i de dagliga levnadsvanorna. Om det inte vore så är ju tron död. När min livsstil är baserad på den vägledning som jag tagit emot ifrån Gud, då har jag funnit nåd att växa andligen. Följaktligen är det omöjligt att utesluta regelbunden överlåtelse genom fasta i min livsstil Så här beskriver Psaltaren 1:2 en säll gudfruktig människa:

Som har sin lust i Herrens lag och tänker på hans lag
både dag och natt.

Om vi applicerar den här bibelversen till principen av tillgiven överlåtelse genom fasta, så kan vi se att en gudfruktig människa har sin lust i Guds ord (även fasta och bön) och ständigt tänker på hur hon skall lyda och behaga Herren. Man kan fråga sig om detta att ha lust att göra som Herrens ord säger inkluderar fasta. Det är klart att det gör. Uttrycket; "har sin lust" förekommer även i nya testamentet

Till min inre människa gläder (har jag min lust)
jag mig över Guds lag. Rom. 7:22

Min inre människa syftar till den pånyttfödda eller omvända människan.

Ordet gläder förklaras genom grekiskan som fröjdas över, eller jubla. Engelskan uttrycker det med "delight" Det uttrycker inte bara att det är något man godtar med förståndet utan att man också av hela sitt hjärta accepterar det. "Jag fröjdas över Guds ord genom min pånyttfödda ande "

Om min glädje är att följa Guds ord, då måste min kropp underordna sig min ande, min pånyttfödda själ. Min handling är alltså styrd efter min invärtes människa, som i sin tur är ledd av den helige Ande.

"Jag fröjdas över Gudsordet genom min inre människa." Detta i sin tur betyder att jag gläds åt att lyda, med påföljden att min kropp måste bli underordnad anden – min inre människa. Även då det är i min kropp som handlingen äger rum, så får jag mina riktlinjer för att lyda från ett nyskapat hjärta, min inre människa, vilket i och för sig alltid skall vara det som bestämmer, mina handlingar.

Det är inte tillräckligt att bara lydigt göra Guds vilja, utan vi skall göra det med ett hjärta som är fyllt av tillfredställelse, förverkligande kärlek, glädje, frid och en känsla av välbefinnande. När vi är i Honom som skapat oss till Hans avbild då upplever vi fullkomligheten. Detta är verklig kärlek.

Vårt vardagliga liv reflekterar vår vandring i Anden. Vår rationella andlighets förverkligande, gestaltar sig i vårat sätt att vara, reagera och agera. Att rätt förvalta den tid vi har fått här på jorden för Hans skull.

Praktisk andlighet består ju av att Andens frukter är den väsentliga delen av vår livsstil. Vi överlåter och hängivet underordnar oss den helige Andes förnyelse av våra sinnen, för att behaga Honom, vår

Fader. Det finns människor som praktiserar och kan visa på en del av frukterna. Det är faktiskt så att vem som helst kan ha tålamod eller visa glädje, eller visa andra enstaka egenskaper liknande Andens frukter totalt i köttslig kraft.

Även icke troende kan ju vara vänliga ha tålamod och så vidare. Frågan är om det är den helige Ande som skapar dessa frukter?

Men Andens frukter är kärlek, glädje, frid, tålamod, vänlighet, godhet, trofasthet, ödmjukhet och självbehärskning. Mot sådant vänder sig inte lagen. Gal. 5:22-23

När den helige Ande står för ledningen i våra liv, skapar Han dessa frukter i våra liv och det blir således ingen konflikt med lagen. Det ligger i vår vilja.

Alltså är nyckeln den helige Andes ledning och kontroll. Inte vår kontroll.

Vår kontroll som är vägledd av den helige Ande. Jag menar inte att vi inte har kontroll över våra liv. Jesus uttryckte det här enkelt, "Man känner igen människan på frukten i hennes liv" Paulus drar fram kontrasten på ett tydligt och lättfattligt sätt, genom att jämföra Andens frukt med köttets arbete. Det stämmer ju inte att göra det omvända, arbetet i Anden eller frukten i köttet. Han fortsätter och förklarar vidare:

De som tillhör Kristus Jesus har korsfäst sitt kött med alla dess lidelser och begär. Om vi har andligt liv, låt oss då följa en andlig väg. Gal. 5:24-25

Ja låt oss följa en andlig väg i alla delar av vårt liv, som inkluderar våra lidelser och begär. Det är här som överlåtelse genom fasta och bön verkligen är ett skärpt verktyg, som vi har tillgång till. Att korsfästa sitt kött och att ställa sig till förfogande genom en underordnande attityd på just det här området i våra liv är en levnadsregel. På detta sätt byggs och skickliggörs vår karaktär så att vi kan träna våra sinnen till att vara ödmjuka och plikttrogna, på ett regelbundet sätt.

Ett vanligt förekommande sätt

Våra tankar kan låsa sig i förutbestämda meningar eller åsikter, eller vi känner oss frustrerade, stagnerade till den grad att vi blir fängslade i traditionellt tänkande. Vi kan mycket väl se sanningen i Skriften om och om igen, men antingen tycker vi att det inte berör oss nämnvärt, eller också negligerar vi det. Vi kan ha hört ett budskap predikas flera gånger, men det liksom inte tar på oss längre. Känner du igen detta? Det kan beröra eller inte beröra. Det gäller vilket område som helst i våra liv, men just nu handlar det om fasta. Säkert har du läst om fasta många gånger, men du har inte tillåtit det bli en realitet i ditt liv. Det är annorlunda med bönen, även då dessa två hör samman. Har du någon gång ställt dig frågan varför vi har negligerat fastandet så radikalt. När Jesus var ombedd av sina lärjungar att lära dem bedja, fortsatte han omedelbart att lära dem hur de skulle fasta.

Om Du aldrig riktigt kommit i kontakt med detta uttryck: "att kunna frambära din kropp som ett levande offer," alltså att tjäna Gud och människor genom hängiven överlåtelse i form av regelbunden fasta och bön. Jag hoppas kunna övertyga dig att den här boken, genom den helige Ande, kommer att vägleda dig att ta emot vad Guds ord har att lära om hängiven överlåtelse genom att fasta och bön hör ihop. Bara inte läs den här boken, låt den bli en ständig påminnelse.

I del 2 kommer jag att mera ingående förklara vad "frambära din kropp som ett levande offer"och "er andliga gudstjänst" innebär. Båda citat från Bibeln, som uttrycker vad som menas med gudomlig tjänst genom fasta och bön.

Många människor ursäktar sig från denna typ av gudstjänst genom att förklara: "jag har andra delar i mitt liv som är viktigare att handskas med. Faktum är att jag borde fasta från en del av mina ständigt återkommande synder innan jag engagerar mig i gudomlig tjänst genom fasta. "Eller "låt mig be om det först." Detta kan ibland betraktas som "falsk andlighet."

Tillåt mig att uppmuntra dig att förstå att överlåtelse genom regelbunden fasta och bön kommer att hjälpa dig med dessa delar i ditt liv, som du anser att du borde handskas med först. Vid upprepade tillfällen har jag sett Gud ta sig an olika situationer, hur Han använder ödmjuk överlåtelse att skapa ett genombrott, eller en nydaning. Kanske Han får dig att se på situationen ur en helt annan vinkel som du inte tänkt på tidigare. Vad kan du egentligen förlora? Ett och annat kilo kanske och vilken som helst av oss kan ju avvara det. Charles G Finney använde sig med jämna mellanrum av hängiven överlåtelse genom fasta och bön, som en väg att återställa gemenskapen med Gud, på grund av hans egna svagheter när frestelserna var närvarande.

Ett välbalanserat leverne

Vi lever nu i en tid som är dominerad av självisk lättja och välmående överflöd. Alla dess former, påverkar oss och vår levnad, vare sig vi är medvetna om det eller ej. När vi tar till oss Skriften, som talar om vårt behov att förneka oss själva och att korsfästa vårt kött, så kanske vi i vår lättjefyllda livsstil och attityd kommer att bli förvånade över med vilket allvar Skriften betonar detta område.

Han ville hellre fara illa tillsammans med Guds folk än ha en kortvarig glädje av synden. Hebr. 11:25

En del av oss kanske reagerar skarpt, och drar förhastade slutsatser, som i sin tur kan leda oss till obiblisk asketism eller lagiskhet. Den här tendensen ligger dold i vår mänskliga natur, enbart väntande på det rätta tillfället. Så när det rätta tillfället dyker upp, uppträder den med nitälskan, stolthet, en känsla av superandlighet,ett slags överlåtelse,en falsk helighet och religiös fariseism. Denna falska andlighet är färdig att visa sig och att regera över oss och framhålla vår självrättfärdighet. Läs gärna om detta stycke, så att du förstår innebörden. Den här tendensen eller attityden var det som hycklarna visade och som Jesus pekade ut gång efter annan och som du säkert känner igen från Bibeln. John Wesley sade: "En del har upphöjt religiös fasta över all skrift och anledning, när andra har totalt ignorerat det."

Det är därför som ett välbalanserat leverne innehåller regelbunden fasta och bön, enligt Guds ordets klara definition och lära, genom den helige Andes instruktion. Hur kan vi ödmjukt, ångra och bekänna våra synder utan fasta?

Detta är verkligen en uppenbarelse för många, (därför att vi inte vill acceptera att det är sant) och kräver en nydaning i sinnet, för att vi skall komma låss och förbli fria, till att tjäna vår Herre genom överlåtelse till varaktig, regelbunden, biblisk fasta och bön. Det verkar som någonting annat ständigt kommer i vägen för denna aktivitet, därför att det är fråga om att korsfästa köttet. Vi vet att köttet ständigt står i strid med *anden,* därför måste denna aktivitet också bli ständig och regelbunden. Det finns inget som ersätter fasta. Pastorer och ledare har samma kamp som alla andra.

Dwight L Moody har sagt: "Om du säger, jag skall fasta när Gud lägger det på mitt hjärta, så kommer det aldrig att hända. du förblir kall och likgiltig. Ta på dig oket."

Jag har upplevt att syskon i tron som anses vara andliga och "bevandrade" i det kristna livet, även människor som har fungerat som äldste eller någon annan form av ledarroll, och särskilt äldre, seriösa och fina trossyskon, har uppenbara problem med fasta. Även pastorer. Det är svårt att hitta en gemensam nämnare, men det är i regel stolthet, avsaknad av att underordna sig ordet på det här området. Påföljden blir att de inte kan låta gå av sitt eget, sin egen åsikt, att de kommer upp med argument och försvar för sin andlighet med argument som "jag skall fasta när Gud talar till mej, och göra det när tiden är mogen" eller "jag vill inte bli övertalad att fasta." Som jag citerat Moody ovan; det kommer aldrig att hända. Ödmjukhet som tillrättavisar manifesterar sig i handlingar som absolut inte försvarar mitt eget jag, mina egoistiska inställningar och okunnighet. Detta är något som våra ledare självklart måste ta till sig, praktisera och lära ut med ett hängivet hjärta och föredömligt leverne.

Ödmjuka er alltså under Guds mäktiga hand, så skall Han upphöja er när Hans tid är inne 1 Petr. 5:6

*Det gjorde mig gott att bli tillrättavisad, så att jag fick lära mig
dina stadgar Må jag av hela mitt hjärta följa dina stadgar, så att
jag inte kommer på skam.* Ps. 119:71, 80

*Jag löper med målet klart i sikte, jag liknar en knytnävskämpe,
som med sina slag träffar motståndaren. Slagen riktas mot min
egen kropp, jag gör den till min lydiga tjänare, för att jag, som
har predikat för andra,*(eller jag som är i Kristus) *inte själv skall
bli underkänd vid provet.* 1 Kor. 9:27

Man kan ställa sig frågan, hur kan någon förkunnare, eller troende
överhuvud taget läsa denna vers och efter moget övervägande, för-
klara att detta inte har att göra med överlåtelse till disciplinerad re-
gelbunden fasta.

I den här versen förstår vi hur vår kropp är motståndaren, alltså
fienden till vår ande, längre fram skall jag definiera mera detta för-
hållande.

Den nuvarande livsstilen som människorna runt omkring oss lever
uppmuntrar oss att göra vad vi känner för stunden och att tillfred-
ställa våra egoistiska begär. Den får oss att göra vad köttet eller vår
mänskliga natur lockar till och kräver, när vi i stället skulle göra det
direkt motsatta.

*Vad jag vill säga är detta: vandra i Anden, så kommer ni
inte att göra vad köttet begär* Gal. 5:16

Vi som troende skall inte vara influerade eller påverkade av värl-
dens människor, även om vi umgås eller arbetar tillsammans med
dem. Vi är ju en ny skapelse, det gamla är borta och vi har vår glädje
och livsstil i totalt andra värderingar, vilket visar sig på det sätt som
vi lever vårt dagliga liv, gällande livets alla områden.

*Ty köttet söker det som är emot Anden och Anden söker det som
är emot köttet. De två strider mot varandra för att hindra er att
göra det ni vill.* Gal. 5:17

Att glädja sig, ha trevligt och celebrera med en fest, tillsammans
med släktingar, grannar och vänner är ju naturligtvis en del av vårat
leverne, precis lika mycket som hängiven tjänst inför Gud genom
fasta och bön är en del av vårt leverne Det ena behöver inte utesluta

det andra, utan komplettera. Att glädja sig och ha trevligt är inte detsamma för en troende som det är for en icke troende. Vi är utvalda att sätta gränserna. Vi har ingen anledning att delta i samma typ av underhållning som de, därför kan vi inte delta och glädja oss åt samma grova historier och skämt som världen i övrigt. Vi behöver heller inte dämpa någon glad stämning, men istället sätta ett gott exempel på äkta glädje, därför att vi är fria i Kristus, och vår glädje är i Honom, inte i denna världens glädjeämnen.

Det finns ingenting som väsentligen är uselt eller fel med vår kropp. Gud vår Fader har skapat vår kropp, även med begär, hunger och en god aptit. Det finns inget ont i en mans hunger efter ett gott mål mat eller en kvinnas längtan efter barn och hem. Den helige Ande lär oss inte att missgynna dessa normala behov, men att vi skall vara i kontroll, och hålla dem inom de ramar som Bibeln förespråkar. Alltså leva och handskas med våra drifter och behov på ett sätt som det anstår en guds-människa och så att vår Fader i himmelen blir ärad.

Det fysiska eller köttet skall ju inte bli rotlöst underkuvat, men bestämt disciplinerat och underordnat det andliga. Fasta är inte någon form av lidande. Meningen är ju att disciplinera sin kropp, inte bestraffa den, att hänge sig åt Gud är så mycket mer än att njuta av mat och dryck.

Ty Guds rike är inte mat och dryck utan rättfärdighet och frid och glädje i den heliga Ande. Rom. 14:17

Andra delen

Andlig Förberedelse För Överlåtelse Genom Fasta

Att vara överlåten och engagerad, och att vara det glädjefullt för något ändamål, kommer definitivt att visa sig i vår livsstil. Om vår överlåtelse och engagemang till vår Fader och Gud inte karakteriserar vårt beteende eller levnadssätt i det vardagliga livet, måste vi vara försiktiga att hävda att vi har en levande tro och verkligen älskar Gud.

Andlig förberedelse eller helgelse går hand i hand.

Är det möjligt att separera vårt beteende eller levnadssätt från vår tro. Tyvärr är det så, och det kallas för hyckleri. Vi vet att det är omöjligt att behaga Gud utan tro. Vi måste vara på vår vakt mot otro i olika former. Detta bibelställe från Hebr.11:6 är så klart och defenetivt. Även om vi saknar helgelse kommer vi inte att se Gud överhuvudtaget. Så växande tro och ständig helgelse bereder vägen till vår Herre och Gud.

Sträva efter fred med alla och efter den helgelse utan vilken ingen får se Herren. Hebr. 12:14

Det finns ju många sätt att bli överlåten och engagerad, men när det gäller helgelse, så gäller det att bli överlåten och engagerad till ett hängivet underordnande, som präglar hela vår skapelse, hela vårt levnadssätt. Helgelse härstammar från hjärtat. Därför kommer vi att ta ett steg i taget genom hängivenhet, underordnande, tillgivenhet, och foglig ödmjukhet med hjälp av den helige Ande som leder fram till en självklar personlig regelbunden gudstjänst, frammanad genom ett rent samvete.

29

Herren Kristus skall ni hålla helig i era hjärtan. Var alltid
beredda att svara var och en som begär att ni förklarar det hopp
ni äger. Men låt det ske ödmjukt, med respekt och ett rent samvete,
så att de som talar illa om er goda livsföring i Kristus får skäm-
mas för sitt förtal. 1 Petr. 3:15-16.

När vårt liv består av regelbunden hängiven gudstjänst genom fasta, som en del av vår livsföring, bör vi även mer vara beredda på att svara på frågan, varför. Det är av den anledningen ödmjukhet, respekt och rent samvete är så viktiga beståndsdelar i vår helgelseprocess.

Så låt oss rena oss från all besmittelse från kött och ande och i
gudsfruktan fullborda vår helgelse. 2 Kor. 7:1

Som vi kan se är det vår skyldighet att helga oss, och när vi lydigt underordnar oss hans vilja och förnyar vårt sinne, så fullföljer Han helgelsen i oss.

Ni skall helga er och vara heliga, ty jag är Herren, er Gud. Ni
skall hålla mina bud och följa dem. Jag är Herren, som helgar er.
3 Mos. 20:7

Gudomligt Leverne är att Andligen Överlåta sig Genom Regelbunden Fasta och Bön

Gudomlig vägledning leder inte alltid till ett gudomligt liv. Vi förstår att vi inte har några problem att lyssna och lära, men i regel börjar det att ta emot när vi skall börja applicera sanningen till vår livssituation. Ofta har vi problem med att hinna med att läsa Bibeln regelbundet, men en annan bok, det hinner vi med. Jag vet hur det är, jag har haft samma problem. Prioritering och disciplin är andlig mogenhet och hör till tron, kallas även effektiv troshandling.

Vi vet att när vi andligen engagerar oss så kräves en ansträngning, en kamp som är förknippad med att korsfästa köttet och det är inte alltid som anden vinner den kampen, i regel därför att våra sinnen inte är tränade. Att andligen överlåta oss genom regelbunden fasta och bön, är att träna våra sinnen, att bli segrare.Lydnad är frukten av fostran.

Tro är aktiverad i alla tre delar i vår skapelse: ande, kropp och själ. Tro gestaltar sig på många sätt, den är andlig, praktisk, kärleksfull, öm och passionerad. Utan trons egenskaper kan vi inte behaga Gud, vår Fader och vår Herre Jesus Kristus. Tro som saknar arbete och gärning är död, detta är upprepat, inte mindre än tre gånger enbart i Jarops brev andra kapitlet. I troskapitlet kan vi läsa följande:

Men utan tro är det omöjligt att behaga Gud . . . Hebr. 11:6

Det finns inget evigt liv eller frälsning, om vi inte nu lever ett liv som präglas av evigheten genom aktiv tro på Jesus, som är trons upphovsman Vi danar vårt sätt att leva och verka, vårt " gudomliga leverne "genom ett regelbundet nyskapande av våra hjärtan och sinnen.

Det kan alltså inte bli något gudomligt evigt liv, utan ett gudomligt leverne nu och här. Det är ju en enkel ekvation, som med hjälp av Guds ord är lätt att räkna ut. Genom nåden är vi frälsta, rättfärdig- jorda, och genom trons kraft kan vi därför leva ett gudomligt liv, som återspeglar Guds karaktär.

Det kan väl tyckas att vi nu hamnar på ett annat område, men det är ju så att detta är en del av helheten. Vårt levnadsmål är ju att vi skall bli mera lik Honom som har skapat oss och som lever i oss, alltså att bli till Hans avbild.

. . . Ni har ju klätt av er den gamla människan med hennes gär-ningar, och klätt er i den nya människan, som förnyas till rätt kunskap och blir en avbild av sin Skapare. Kol. 3:9-10

Gudomligt leverne, innehåller många delar, men alla former av gudomlighet är Jesus Kristus personifierad i våra liv genom trons lydnad. En levande verksam tro som skapar oss förvissningen om att vi har en fri och öppen ingång till vår Herre och Frälsare Jesus Kristus eviga rike.

Och hur oerhört stor Hans makt är i oss som tror, därför att Hans väldiga kraft är verksam Ef. 1:19

När vi andligen överlåter oss genom fasta så lär vi oss förstå meningen av "Detta är er andliga Gudstjänst."

Vi vet att Guds vilja för våra liv är enbart god och riktig, även till den grad att vi blir perfekterade. Det är med stor tillfredställelse Gud ser på att Hans vilja blir verkliggjord i våra liv. När vi förstår detta om hur Guds vilja för våra liv fungerar, hur mycket mer längtar vi då efter att uppnå det i våra liv. När Hans vilja blir en realitet i oss och när vi står i samklang med den helige Andes ledning, ja när hela vår skapelse är engagerad i vår längtan efter att vara Honom till lags, det är då förvissningen formar oss. Vi kan glädja oss i att göra allt Gud vill att vi skall göra därför att vi är skapade att bli lika Honom.

Det är just detta som överlåtelse genom regelbunden fasta kommer att bestyrka och stödja i vår längtan. Det är helt enkelt därför att överlåtelse genom regelbunden fasta är vad Gud vill för oss, och vi kan förtröstansfullt lita på att Han vet vad som är bäst för oss, i alla livets situationer.

Han kommer även att belöna oss öppet när vi engagerar oss för den rätta anledningen och i överensstämmelse med Hans vägledning.

Nej, när du fastar, smörj in ditt hår och tvätta ditt ansikte, så att inte människorna ser att du fastar, utan bara din fader i det fördolda. Då skall din fader, som ser i det fördolda, belöna dig.
Matt. 6:17-18

En fast förvissning och en uppriktig överlåtelse genom regelbunden fasta och bön med de rätta avsikterna, är en insikt som du måste vara helt trosförvissad och totalt övertygad om att det är Guds vilja för ditt liv. Som ett Guds barn måste du därför inrätta ditt livsmönster att bli i överensstämmelse med Hans ord.

Lydnad är alltid det tacksamma gensvaret hos hjärtan som upplevt förlossningen i Jesus Kristus, för dig som är född på nytt, vuxendöpt och erhållit dopet i den helige Ande.

Meningen med underordnande genom regelbunden fasta och bön är inte bara att sluta att äta och ägna sig åt bön. En väldigt viktig förberedelse är att du är beredd att förnya ditt sinne på det här området, att verkligen tänka annorlunda. Den underdånighet som man kan uppleva genom fasta, skapar omvärderingar som är långt ifrån den här världens värderingar. Detta med att förnya sinnet är en bra regel oavsett vilket område som vi arbetar med i vårt levnadssätt.

Såsom en stad ,vars murar äro nedbrutna och borta (totalt försvarslös) *så är en människa som inte kan styra sitt sinne.*
Ords. 25:28

Det är bättre att vara tålmodig, än stark ,den som kan styra sitt sinne är bättre än den som kan inta en stad .
Ords. 16:32 (Eller leda en församling)

Det ena leder till det andra. Kan man ödmjukt underordna sig, kan man hänge sig, som sedan leder till överlåtelse? Har man förstått att förnya sinnet, ja då kan man bli förändrad genom den helige Ande. Detta är Guds vilja för oss alla. Att ständigt leva i förändring, förnyelse, förvandling och utveckling för att skickliggöras av Honom, för Honom och till Honom.

När vi tittar närmare på Gudsordet i detta sammanhang, är det inte bara en regel utan en förmaning, han appellerar till vår lydnad, till en frivillig inställning, en enträgen bön, till oss som upplevt förlossningen i Kristus.

Därför ber jag er, bröder, vid Guds barmhärtighet, att frambära er själva (ande, kropp och själ) *som ett levande och heligt offer som behagar Gud. Detta skall vara er andliga gudstjänst.*
Rom. 12:1

Att bära fram våra kroppar som ett heligt offer, som verkligen är heligt och i enlighet med Guds vilja. Som vi ser uttrycker sig den heliga Ande: *"Detta skall vara er andliga Guds-tjänst."* Engelskan använder ett bra uttryck, nämligen: "which is your reasonable service." Fritt översatt "självklara gudstjänst" Man kan även översätta det med: "anspråkslösa gudstjänst."

Innan vi börjar tolka det här stället, låt oss ta en titt på det här med att tolka ordet "tolka" betyder följande: översätta, återge, omskriva, utreda, förklara, utlägga, uttyda, exegetisera, interpretera, uppfatta, utläsa, förstå och uttrycka.

Oavsett om vi erkänner oss själva som tolkar eller inte så är vi det, därför att vi undantagslöst tillför texten allt det vi själva är. Med alla våra erfarenheter, vår kultur och tidigare förståelse av ord och på-ståenden, vår inställning och attityd. Oavsiktligt så för ju detta själv-fallet in oss på villovägar. Ingen kan ju vara helt neutral, vår upp-fattning är präglad av oss, inklusive en massa främmande tanke-gångar och föreställningar.

Det betyder att så fort vi läser en Bibel så har vi dragits in i en tolkningsprocess. Bibeln i sig själv är ett slutresultat av akademiskt arbete. Översättare måste ständigt välja mellan alternativa översätt-ningar och deras val kommer att påverka vår förståelse av texten. Därför är det viktigt att vi studerar Bibeln inte enbart läser den.

Syftet med en bra, rätt och god tolkning är enkel. Det är att förstå och praktiskt kunna leva ut ordet. För att uppnå det målet behöver man ett upplyst sunt förnuft, väglett av den helige Ande. En riktig tolkning av texten, m.a.o. en vettig innebörd av texten skänker ro och tillfredsällelse till både ande själ och kropp.

Att bära fram våra kroppar betyder ju, att ge sig själv, "hänge sig" "att erbjuda sig," "att ställa sig till förfogande" eller att uppoffra sig. Detta beskriver ju onekligen vad praktisk-andlig överlåtelse-handling är, och det är ju det vi vill lära oss.

När vi tittar närmare på översättningen av "den andliga gudstjäns-ten" där ordet "andliga" kommer från det grekiska adjektivet "logi-kos" som i sin tur kommer av samma rot som "logos," vilket bety-der "ordet." Den vanliga betydelsen av ordet "logikos" är "andlig, förnuftig och rationell" i motsats till offrandet av ett förnuftslöst offerdjur. De flesta har översatt "logikos " med enbart "andlig." Detta är en "logikos-gudstjänst" alltså en "rationell förnuftig och andlig gudstjänst." Intressant nog kommer vårat ord logiskt från "logikos" också.

Kanske det är svårt att se sambandet mellan andligt och logiskt. Det är inte precis lättare att koppla ihop andligt och rationellt för att inte nämna förnuftigt. Det låter annorlunda och unikt, men så är det, och många av oss får anledning att tänka om, och erkänna att vi haft för snäv uppfattning av ordet "andlig" men att det nu blir lättare att förstå termen andlig-praktisk överlåtelse.

Vad har detta bibelställe med fasta och bön att göra, kanske du frågar: förklaringen kommer härnedan. Men som jag klargjort tidigare fasta är inte målet, utan endast vägen, men även vägen är viktig. Vi lägger grunden och göra det gudomligt så att vi kan bli del av Jesus som är sanningen.

Denna handling är förknippad med en nydaning, omprioritering av dina resurser, dina gåvor och tjänster, till att fungera först till gudstjänst, tjäna Herren och sedan till att tjäna medmänniskan. Den enda gudstjänst som ett andligt förnuftigt väsen kan ge Gud, är att fira, tillbedja, tjäna Gud i Hans ande.

Vid ett tillfälle när jag undervisade om detta ämne, kom en äldstebroder fram till mig och sade." jag har gått på tre möten varje vecka i 60 år men har aldrig hört en så bra och lättfattlig undervisning om andlighet"

I 1 Petr. 2:2 översätts ordet "logikos" med "ordets rena mjölk" eller "den rena andliga mjölken" På samma sätt använder översättarna "logikos" med enbart det svenska ordet "andliga." Låt oss titta lite mer på vad ordet rationell och förnuftig betyder i samband med att vara andlig.

Rationell:	Förnuftig:
1. Förståndsenlig	1. Meningsfull
2. Förnuftsmässig	2. Skälig
3. Logiskt grundad	3. Rimlig
4. Målmedveten	4. Rationell
5. Metodisk	5. Klarsynt
6. Praktisk	6. Nykter
7. Välplanerad	
8. Ändamålsenlig	

Ordet förnuft förklaras som: uppfattningsförmåga, förstånd, vett (i huvudet), klokhet, vishet och visdom.

Sunt förnuft beskrivs: klar, oförvillad, fördomsfri omdömesförmåga, sans och reson.

Engelskan använder ett bra uttryck för "andlig gudstjänst" nämligen

"Resonable service" som jag tidigare påpekade. Det blir således det svenska ordet resonabla. När man skall beskriva eller förklara fasta så är dessa ord exakt vad som beskriver biblisk fasta också.

- **Att vara resonabel** resonlig, förståndig, hygglig
- **Ej extrem** stabil, vid sinnets fulla bruk
- **Inte begära för mycket** förnöjd, medgörlig, tillmötesgående
- **Logisk** klok, förnuftig, förberedd
- **Moderat** motsats till överdriven
- **Sund** omdömesgill, nykter, solid
- **Under kontroll** behärskad, välplanerad, medgörlig
- **Återhållsam** måttfull, skälig, rimlig

Sammanfattningsvis kan vi dra den slutsatsen att hängiven överlåtelse genom regelbunden bön och fasta, beskrivs som andlig, rationell och förnuftig gudstjänst helt i överenstämelse med Rom. 12:1.

Vid första anblicken har vi svårt att fatta att, *"att vara andlig"* har att göra med dessa ord och förklaringar, men just därför behöver vi förnya vårt sinne på det här området. Det är ju onekligen egenskaper som vi alla föredrar, som del av vår karaktär. Eftersom Gud är andlig, och vi skapade efter Hans avbild, så stämmer ju detta. Jesus uppträdde både rationellt och förnuftigt, och på den tiden förvånades man. T.ex. när Han sa till den sjuke mannen att stå upp tag din bädd och gå. Det var inte långa böner, eller andra så kallade (religiösa) andliga åthävor, utan ändamålsenliga ord uttalade meningsfullt, andligt, rationellt och förnuftigt.

Att presentera er själva (ande, kropp och själ, att uppträda) till en helig tempeltjänst. Vi är ju detta heliga tempel.

- Att ge sig hän
- Att offra sig själv
- Att vara tillgänglig
- Villig att tjäna
- Ställa sig till förfogande

- Bistå och hjälpa
- Ödmjuk överlåtelse

Fasta och bön som den här beskrivs är grundläggande, genom att vi ställer våra kroppar till förfogande, överlämnar vi oss totalt med vår ande, kropp och själ, som i sin tur påverkar alla andra aktiviteter i våra liv.

När vi förlitar oss på den heliga Ande att hjälpa oss med förvandlingen, då blir vi helgade genom Kristi rättfärdighet.

Enligt Martin Luther: "Var och en av oss är en djävul i sig själv, men i Jesus Kristus är vi ett helgon." Det som verkar i oss skall ske i enlighet med Guds vilja förmanar apostel Paul. Då kommer vi att förstå hur vi skall ändra vår livsstil och den realiteten ligger i att vi tillåter att våra sinnen blir förnyade, som vi kan läsa om i nästa vers i Romarbrevet:

Och anpassa er inte efter den här världen, utan låt er förvandlas genom sinnets förnyelse, så att ni kan pröva vad som är Guds vilja, det som är gott och fullkomligt och som behagar honom.
Rom. 12:2

Eller som engelskan uttrycker det: att vi blir förvandlade till en ny människa genom att ändra vårt tänkesätt.

Vad som är gott och fullkomlig och som behagar Honom är när vi gör Hans vilja. Vilket betyder att vi hängivet överlåter oss själva till fasta och bön. Förvandla antyder en betydelsefull förändring, som påverkar både förhållanden och karaktären. Ett ord som är liktydigt med ordet förvandla är "omvända," vilket ju antyder en förändring till en ny och annorlunda funktion. Jag hoppas att du verkligen kan förstå, hur uppenbart det är att vi villigt hänger oss att fungera mer och mer i enlighet med Guds ord, Detta skall prägla vårt liv, ta upp vår tid. Genom att leva ut Guds ord med praktisk-andlig gudstjänst genom regelbunden fasta och bön.

Kan vi verkligen ändra vårat sätt att tänka? Absolut! Det händer *när* vi låter Gud förvandla oss. Genom vårt nya sätt att tänka så blir vi automatiskt skyldiga att handla på ett nytt sätt. Efterhand som vi förstår och förnyar vårt sinne, så kommer vi att bli förvissade och överväldigande säkra på vad Guds perfekta vilja är. Den heliga Ande bor i oss, ja Han bor i vårt sinne, så det är Han som verkar i oss när vi förnyar vårt sinne med nya tankar i enlighet med Hans vilja. Kom ihåg att vi nu fokuserar på ide'n att förnya vårt sinne i förhållande till området av överlåtelse genom regelbunden fasta och bön.

Man kanske kan fråga sig varför jag ständigt upprepar regelbunden fasta och bön? Därför att det är vad Guds ord lär oss. Det är den sanna vägen.

Med övertygelse kan vi konstatera att det är omöjligt att fortsätta leva det liv som vi lever. Nydaning måste äga rum. En permanent förändring kan bara äga rum när vi förnyar vårt sinne regelbundet. Är det verkligen möjligt? Naturligtvis, genom Jesus Kristus som lever och verkar i oss genom vår tro.

Hur överväldigande stark är den kraft som verkar i oss som tror, om vi väljer att frigöra den kraften i vårt dagliga liv genom att ödmjukt underordna oss Honom. När vi låter Gud förmå oss, överlämnar vi och ger upp vårt självviska tänkande. Andens verk "sinnets förnyelse," är den enda effektivt bevarande kraft som kan avhålla oss troende från att återfalla till att skicka oss efter denna världens anda och leverne. Det är vad Bibeln upprepade gånger lär oss.

Gör allt du kan för att bestå provet inför Gud, som en arbetare som inte har något att skämmas för, en som rätt utlägger sanningens ord. 2 Tim. 2:15

Att göra allt du kan för att bestå provet inför Gud, har en djupare mening än att bara ta till sig en undervisning. Här ser vi igen vikten av att verkligen tolka Hans ord rätt. Det betyder att det kan göras feltolkningar. Därför måste vi göra allt.

Den nu aktuella frågan är: blir du förvandlad? Sker det en förändring?

Martin Luther skrev: "En Kristen skall vara en ny skapelse eller en av Gud nyskapad varelse, som till största delen av sitt liv talar, tänker och bedömer annorlunda än vad människorna av världen gör."

Följaktligen ska vi leva och agera så mycket annorlunda till skillnad från dessa människor, även till den grad att vi inte har samma matvanor och dryckesvanor. Trots detta finns det människor som även då de är kristna inte underordnar sig Jesu lära när det kommer till hängiven överlåtelse genom fasta och bön. De lever istället som alla andra människor i den här världen.

Jag har i många år som kristen haft inställningen att man ska försöka att vara som alla andra, att inte vara annorlunda, utan att vara som en av dem. Man kan ju ha sin tro ändå. Jag förstår inte hur jag kunde tänka på det sättet. Hur ignorant får man vara? Det är ju att leva tvärtemot vad gudsordet säger, men Gud i sin nåd har lärt mig att komma ur det tänkandet.

Därför skall ni sluta leva som förut; ni skall lägga av er den gamla människan, som går under, bedragen av sina begär. Se till att ni förnyas i ande och förstånd och att ni klär er i den nya människan, som har skapats efter Guds bild, med den rättfärdighet och den helighet som hör sanningen till. Ef. 4:22-24

Hur kan någon skilja den här bibelversen från regelbunden fasta och bön.

Hängiven överlåtelse genom att korsfästa det gamla livet regelbundet är vad det är fråga om. Vägen dit går genom att man förnyas i sinnet. Det är klart att vi måste ta till oss gudsordet, och göra vad ordet säger, utan någon form av legalt tryck eller fördömelse. Våra liv skall ju spegla vad som händer i vårt förnyade sinne. Detta är i allra högsta grad en lydnadsplikt vars rot är tacksamhet.

Fast han (Jesus) *var son lärde han sig lyda genom att lida.*
Hebr. 5:8

Kan vi lära oss att lyda utan att lida? Han har ju lidit för vår olydnads skull, så är vår lydnad för Jesu skull. Lydnad är resultatet av fostran.

Jag kommer ihåg en ung flicka som reagerade när vi skulle komma tillsammans några stycken för att fasta och be för en speciell situation: "jag tycker inte om det, det låter så påtvunget." Jag kunde *skönja* att hon saknade undervisning. Tyvärr är det alltför vanligt. Man bör aldrig övertala en troende att fasta, om de inte har kunskapen, träningen och framför allt inte har mognaden att korsfästa sitt kött regelbundet. Den här gudstjänsten hör till alla troendes grund-kunskap.

Andlig överlåtelse med fasta erfordrar att vi är mottagliga för korrigering, upprättelse och undervisning

Vi behöver verkligen dessa tre "verktyg" för att vi skall lära oss förstå hängiven överlåtelse genom regelbunden fasta. Jag har vid upprepade tillfällen sett hur viktigt detta är i människors liv. Det är inte enbart mat det är fråga om längre, det är sinnets rörelser. När vi vänder oss till Jesus för direktiv så har vi god anledning att förvänta oss dessa tre "verktyg" att hjälpa oss i vår överlåtelse. Det är ju helt riktigt att vi skall förvänta oss att Guds ord skall utrusta och skickliggöra oss för all aktivitet genom den helige Ande. Det är därför som hans ord vill utrusta oss med en överlåten, hängiven ande till att fasta och be. Det finns inget tvång eller måste i detta.

Vi skall ta till oss från Guds Ord i 2 Tim. 3:16-17:

Hela skriften är utandad av Gud och nyttig till undervisning, till bestraffning till upprättelse och till fostran i rättfärdighet för att Gudsmänniskan skall bli fullt färdig, väl rustad för varje god gärning.

• Guds-ordet rättar till och fostrar våra liv
• Guds-ordet instruerar och lär oss
• Guds-ordet visar oss att göra vad som är rätt

Guds ord tränger igenom våra tankar och våra hjärtans meningar och det är fullt av levande kraft. Guds ord kommer alltid att klart och tydligt peka ut vad som är fel i våra liv och det kommer också att hjälpa och undervisa oss att göra det rätta. Det är sedan upp till oss att handla efter detta ord och att lydigt följa Hans vägledning i vilken del av vårt liv det än gäller. Just nu handlar det om Guds ord när det gäller att underordna sig Hans grundläggande undervisning om fasta och bön. Gud använder i huvudsak Ordet att förbereda oss på alla sätt, inklusive underordnande ödmjukhet, så att Han kan utrusta oss att göra allt gott verk, att skickliggöra oss för varje kärlekens gärning, att bli en andligt mogen gudsmänniska.

Om vår prioritet (det vi tycker är viktigast) är felinriktad, så missar vi målet. Vad som då händer blir att ingenting vi sysslar med behagar Gud.

Gud begär helgelse och lydnad. När vi blir nedsmittade av synd (missar målet) tack vare att vi negligerar och är undfallande, så blockeras våra välsignelser.

Vi har verkligen uppnått ett viktigt mål i våra liv när vi praktiskt förstår hur vi skall förnya vårt sinne så att vi blir annorlunda på det här området att bli överlåten och heliggjord därför att vi älskar Honom, vår Herre och Gud.

Rent naturligt fungerar våra liv efter förutbestämda banor, våra åsikter är programmerade och vi följer ett mönster som är relativt konstant. Vi går och bär på förutbestämda tankar och föresatser som är betingade i vårat sinne, vilket kan resultera i att vi blir behärskade av dessa tankar. Ibland kan det även gå så långt att vi känner oss drivna av vanmakt eller helt enkelt frustrerade. Detta härstammar ur ett värdslig synsätt och är byggt på mänskliga traditioner och stadgar och inte på Kristus. Ju äldre vi blir ju fastare håller vi oss till det som vi vant oss med och är bekant.

Som jag nämnt tidigare, vi kan läsa en sanning i bibeln gång på gång utan att det påverkar vårt liv, och vi är inte alls berörda. Vi gör ingenting för att efterfölja eller förändra våra liv, vilket inte stärker vår tro, utan det motsatta.

Vår andliga oförmåga eller begränsning beträffande den sanningen förorsakar oss att snubbla, att begå felsteg, att snava eller helt enkelt att göra misstag. Kan du se sambandet mellan våra förutbestämda tankar och vår oförmåga att ta till oss sanningen? Vanligtvis händer detta utan att vi är medvetna om det. Vad som händer är att vi ser och uppfattar sanningen i Bibeln och vi till och med förstår den, men vi är blockerade att fullfölja och utöva den i våra liv. Vårat sinne styr oss. Det är därför det är Guds vilja för oss att förnya våra sinnen ständigt och jämt.

Att ta vara på förmaning är vägen till livet, den som föraktar tillrättavisning far vilse. Ords. 10:17

Detta fenomen är speciellt framträdande när det gäller vår överlåtelse till helgelse och gudstjänst genom fasta och bön, men kan gälla vilken annan sanning i Bibeln som helst.

Vid ett tillfälle, när jag hade talat till en grupp troende i Mexiko, kom en amerikansk före detta lärare fram till mig och sade att hon läst Bibeln hela18 gånger. Trots detta hade hon aldrig uppmärksammat att fasta var så viktigt och själv hade hon aldrig fastat.

Jag hoppas att du förstår att jag vill hjälpa dig att förstå genom att delge dig mina erfarenheter. Jag har ingen ambition att försöka förmå eller övertala dig att fasta eller förnya ditt sinne förresten kan jag inte förmå någon att göra varken det ena eller det andra.

Men jag känner någon som kan, och det gör du också, vår Hjälpare den helige Ande. Han kan verkligen göra Guds ordet levande i våra liv och hjälpa oss applicera det. Så när den helige Ande påverkar oss så att sanningen levandegörs i vår ande, så antingen ödmjukar vi oss lydigt och tillgivet underordnar oss eller så uppstår det en konflikt i sinnet.

Guds sanning griper och blir "levande och kraftfull" och den angriper vår traditionella bekväma attityd och värdering.

Köttet vill inte medgörligt låta sig korsfästas och hela vår naturliga människa med alla invanda attityder reser sig, och protesterar med alla möjliga argument. Det blir strid och även fördömelse kan uppstå, därför att man inte tagit till sig denna sanning tidigare. Detta behöver naturligtvis inte hända dig som har en längtan att överlåta dig. Resultatet av den här striden, kommer att visa om vi är lydigt öppna och villiga att ta emot friskt livgivande ljus och växa till i vår kunskap om Guds intention när det gäller ödmjukande överlåtelse genom regelbunden fasta och bön.

Detta är att skickliggöras, att genom Ordets övertygelse och hjärtats ödmjuka underordnande, låta våra liv förvandlas och förverkligas genom en förnyande förändring.

Vad innebär nu detta rent praktiskt? När Jesus lärde ut hur vi skulle fasta, enligt Matt. 6:16-17, sade han att människor inte skall se på oss när vi fastar, utan smörj ditt huvud och tvätta ditt ansikte. Det menas att vi skall vara bland andra människor och rent praktiskt göra det som vi vanligen gör. Till motsats när vi ber sade Jesus att gå in i din kammare och stäng din dörr.

Om vi har ett hem och barn att sköta, eller ett förvärvsarbete att gå till, vad det är som gäller för den dagen, är vad som gäller även när vi fastar. Jesus nämner inget om att vi måste vara stilla, bedja, eller uträtta någon religiös akt av något slag. Vad som Jesus lärde är vad som gäller och det är som vi just läst, att handla som vanligt. Att vi dessutom ständigt är i en ande av bön precis som alla andra dagar är ju självklart.

Vad vi väljer och bestämmer vad vi skall göra när vi fastar (precis som alla andra dagar), är vad som händer. Däremot kan jag övertyga dig att en nydaning i ditt sinne gör att fastandet öppnar många områden i ditt liv som du inte hade planerat.

Överlåtelse genom fasta och bön är att följa Guds ord, men meningslöst om det inte är av Gudsinspirerad tro och hängivenhet. Vad som präglar vår fastetid, är vad våra tankar sysslar med, i den mån våra tankar inte är engagerade i vår sysselsättning.

Som vi tidigare lärt oss så är det ju fråga om vår andliga, rationella förnuftiga gudstjänst genom fasta och bön som återkommer regelbundet varje vecka. Jag skall återkomma till varför "varje vecka" längre fram och som jag nämnt skiljer jag på fasta och bön för speciella tillfällen från 1 dag upp till 40 dagar. Det kan tyckas att detta nu kan bli en religiös form, en övning att avstå från mat, utan någon andlig övning. Det skapar väl inget? Då har du misstagit dig grundligt.

Den praktiska omändringen i våra liv är inte att vi fastar en eller fler dar i veckan, nej det praktiska är styrt av det andliga som vi vet. Det praktiska är ju i första hand att när vi inte äter får vi ju mer tid för annat och vi blir mer medvetna om vad vi gör med denna tid. Det betyder att vi nu även disciplinerar andra områden i våra liv. Ödmjukt underordnande gör att vi skapar tid och rum för att andligen berika vår tillvaro genom att studera Guds ord mer, tillbringa mer tid med Herren Jesus, att träna oss i vår tjänar gärning m m. Vi får inte glömma att fasta och bön inte är målet utan endast vägen att nå målen.

När fastandet blivit så mycket en del av vår livsstil, att det inte bekommer oss på det ena eller andra sättet och när det blir en resonabel gudstjänst utan åthävor genom att köttet triumferar eller vår ande blir ockuperad. Då skall din Fader som ser i det fördolda, belöna dig. När Jesus säger något, så blir det så. Det är vår tro, idag i morgon och för evigt.

När vi odlar vår osjälviskhet (odla står för lydnad), beredvillighet och tillgänglighet så blir uttrycket en ödmjuk, kärleksfull gudshängiven levnadsinriktning som är grundad i Ordet alltså Jesus Kristus. När våra hjärtan är genomsyrade av överlåtelse till Hans kraft som verkar i oss, då är det inte vi som skapat eller åstadkommit något.

Förtrösta på Herren av hela ditt hjärta och förlita dig inte på ditt förstånd. Ords. 3:5

Man kan säga att våra idéer och uträkningar inte behövs längre.

Räkna med Honom på alla dina vägar, så skall Han göra dina stigar jämna. Ords. 3:6

Det menas att vi inte skall skapa några egna slutsatser eller mönster. Någon har sagt att goda intentioner inte är vägen till helvetet men vägen dit är belagd eller asfalterad med just goda intentioner. Goda intentioner får inte förväxlas med ett förnyat sinne. Vi måste gå längre än bara goda intentioner och önskningar att vårat andliga liv skulle vara bättre, eller annorlunda. Att verkligen leva upp till vår del, betyder att vi bokstavligen måste vara ledda av Hans Ord, så att våra hjärtan flödar ur kraften av vår överlåtelse som visar sig genom ödmjuk lydnad och tillgiven beredvillighet. Att vi också med glädje lever ut Ordet är viktigt i en regelbunden livsstil, ja de Guds Ord som blivit etablerade i våra hjärtan. Det som våra förnyade sinnen är genomsyrade med, tack vare att den helige Ande verkar i oss.

Det är inte så att jag skulle förmå tänka ut något på egen hand, något som kommer från mig. Nej, min förmåga kommer från Gud. Han har gett mig förmågan att vara tjänare åt ett nytt förbund, som inte är bokstav utan är ande. Ty bokstaven dödar, men Anden ger liv. 2 Kor. 3:5-8

Det betyder ju att i vårt förhållande med vår Fader, så handlar vi efter ordets kraft i våra hjärtan, eller som det så tydligt beskrives i nästa bibelvers.

Hur rikt Hans härliga arv är bland de heliga och hur överväldigande stor den kraft är, med vilken Han verkar i oss som tror, det var samma väldiga kraft, med vilken Han verkade i Kristus, Han uppväckte Honom från de döda och satte Honom på Sin högra sida i himmelen. Ef. 1:19-20

Om tron verkar är det en fullkomlig visshet, och tron kommer genom att vi tar in Ordet, för Gud s Ord är som vi vet fyllt av liv och kraft, när vi genom Anden lever ut detta Ord. En bra motivering att göra något får inte förväxlas med att förnya vårt sinne, det är en bra regel som är värd att repeteras. Lydnad är att handla efter den tro vi har, följaktligen betyder det ju att när vår tro växer, så ökar vårt handlande, eller vår aktivitet. Lydnad och hörsamhet är bättre än offer, som det står i 1 Sam. 25:22.

När vi som troende har förvissningen att vår tro fortsätter att växa genom att vi tar in Guds Ord varje dag regelbundet, och följer upp med att applicera ordet, så ger det oss liv och kraft.

Den nyskapande eller omskapande kraften sätts i rörelse när vi förnyar våra sinnen. Det skapar en situation som möjliggör att en ny princip får påverka vårt vardagliga liv så att det blir verklighet i vår aktivitet, att det verkligen förorsakar en omändring. Med andra ord vi lever ett händelserikt, gudomligt, härligt leverne, genom att lydnad är frukten av fostran

Det är värt att upprepas att vi fastar inte enbart för att fasta, istället gensvarar vi på det som Ordet säger, genom att ödmjuka oss. Det är det som gäller, att vi ställer våra liv till Hans förfogande ifrån djupet av våra hjärtan. Då kommer vi villigt och hängivet att vara beredvilliga att agera.

Ordet är skarpare än ett tveeggat svärd och det skiljer på själ och ande. Vårt sinne, (sättet som vi tänker på) kommer att bli förändrat när vi tillåter den helige Ande få hela vår uppmärksamhet. Vi vill gensvara genom att vi längtar att välsigna vår Fader och vara

Honom till lags med att lydigt överlämna oss. Detta är tillgiven välbehaglig livslust. Man kan även säga att Ordet genom den helige Ande är uppenbarelsekunskap en inre nydaning, väckelseprägel, eller låt oss använda en del andra förklaringar med ord som återuppliva, upprätta, återinföra, återuppväcka och inge nytt hopp i det innersta i vår inre människa. Om man skall sammanfatta vad det är som skall hända med en enkel mening, då blir det "Att pånytt bli fylld med den helige Ande."

Om du nu har fattat och rätt förstått hur man praktiskt applicerar den här läran om hur man förnyar sitt sinne enligt Guds vilja, så kommer det att vara en enorm tillgång när du skall använda denna metod när det kommer till att lära dig läran om hängiven överlåtelse genom fasta och bön. Detta är faktiskt den absolut bästa vägen.

Du kanske börjar förstå att hängiven överlåtelse genom fasta och bön kommer att få en djupare innebörd i ditt liv än du hade räknat med. Men det har direkt att göra med din övertygelse att det har att göra med Guds vägledning för ditt liv och ditt lydigt ödmjuka gensvar att underordna dig. Följden av detta kommer att förvandla resten av ditt leverne. Att hängivet underordna oss Guds plan för vår levnad i det här speciella fallet blir då att tillgivet överlåta våra levnadsvanor som ju är en stor del av vår tid eller kalla det gudstjänst.

Hur man förbereder sig innan man överlåter sig genom fasta

Innan vi börjar ägna oss att titta närmare på en del bibelställen beträffande detta ämne, låt oss tillbringa lite tid att bli rentvådda från all kunskap och förståelse, som vi har samlat på oss genom åren som inte är grundad på Bibeln. Vi är ju så påverkade från så många olika källor som inte är inspirerade av Gud. Det kan vara olika artiklar i veckotidningar, böcker, nyhetstidningar, radioprogram, TV, skolan, hemmet, vänner, eller släktingar som inte står under Guds inflytande i detta speciella ämne, oavsett om vi är medvetna om det eller ej. Även en populär bibelhandbok framhäver det viktiga med bibelläsandet men skriver angående fasta: "Det finns tillfällen när fasta är på sin plats, men att det inte hör hemma i en ordinär kristen människas leverne."

Man kan fråga sig hur sådan okunnighet får förekomma i en bibelhandbok. Egentligen är det ju inte förvånansvärt att överlåtelse genom fasta är så negligerat och okänt ,om folk förlitar sig på sådana obibliska böcker.

Det är därför som jag framhåller att vi skall låta Bibeln förklara och tolkas genom sig själv, eller som det heter, låt skriften förklara och uppenbara skriften.

Inte bara sånt som vi har läst kan vara ivägen, utan även sådant som vi hört någon säga, det kan ha varit en erkänd predikant eller känd kristen ledare, eller något annat religiöst sammanhang. Tyvärr förekommer det en hel del obiblisk lära i kristna kyrkor beträffande fasta.

En känd förkunnare i Kalifornien inom ett stort samfund talade i ämnet fasta, i samband med en bön och fastehelg, jag hörde det själv. Han sade att det är omöjligt att fasta för en normal kristen som måste gå till arbete varje dag eller någon som är hemma och sköter hem och barn.

Han tyckte att det fanns ingen anledning att fasta regelbundet eller någon längre tid. Han själv erkände att han hade svårt att fasta för en hel dag, och skämtade om en del misslyckanden han hade gjort. Vilket kanske förklarar hans felsteg. Det bekräftar att man skall inte tala i ett ämne, när man inte vet vad man talar om. Detta är beklämmande, bedrägeri, missledande, helt enkelt lögn och okunnighet. En doktor, pastor, respekterad förkunnare, som lever och lär ut totalt i motsats till Guds Ord i detta ämne av fastande till tusentals av troende. Som får handikappade liv och begränsad tro.

Hans kyrka verkar ha framgång och många människor lyssnar och tror denna villolära. Vi skall inte reda ut detta nu. Jag nämner detta för att belysa varför vi har negligerat detta område när sådant predikas i våra kyrkor.

Jesus lärde oss att vi kan fortsätta leva ut vårat vardagliga liv och fasta regelbundet. Jesus uttryckte det som vanligt väldigt tydligt när han sade :

*"När du fastar smörj ditt huvud och tvätta ditt ansikte, så att
människor inte ser att du fastar . . ."* Matt. 6:17-18

Åter en annan framstående ledare för ett av de största parakyrkliga
organisationerna i USA, undervisar om obiblisk fasta genom att för-
espråka att använda sig av olika former av flytande mat som
fruktjuicer m.m.

Jag har personligen erfarit, vid flera tillfällen, att det är rätt enkelt
att fasta utan rinnande eller fast föda, endast vatten för 14 dagar,
under det att jag arbetade fysiskt 12 timmar om dagen. Detta är ingen
överdrift eller någon märkvärdighet. Jag har inte gjort det som en
prestation för att bevisa något.

Genom åren har jag erfarit att när det kommer till det här området
av att korsfästa köttet, genom fasta och bön så är det alltid männis-
kor med lite eller ingen erfarenhet som misslyckas, därför att det är
köttet som dominerar deras liv. "Vad vi sår får vi skörda."

*Låt inte bedra er, Gud lurar man inte: vad man sår får
man också skörda.* Gal. 6:7

När jag hänvisar till ett bibelställe som har att göra med just detta
område, så har jag upplevt uppenbarelse över det. Detta är en för-
vissning, mitt vittnesbörd, det är inte någon form av ide eller livså-
skådning. Det är genom Guds nåd som Han har låtit mig förstå Or-
dets innebörd, på det här området och det har blivit del av mitt liv.
Jag är inte något undantag utan ett väldigt normalt Guds barn, som
tror och bejakar Guds ord.

Det är därför jag nu frimodigt förbereder dig för att kunna ta till dig
det sanna Ordet. Det i sig själv är en uppenbarelse och anpassning,
som jag vill att du förstår. Det ligger i vår mänskliga natur att inte
välkomna sanningen och hängivet överlåta oss till Anden, striden
pågår oavlåtligen.

Det är viktigt att förstå att överlåtelse genom fasta enbart för att
fasta, för att bevisa att vi kan behärska fasta att vara i kontroll av vår
kropp, är att missa målet totalt. Det blir då mer som en religiös och

egoistisk akt och är något som vi totalt skall ta avstånd ifrån. Det finns människor som inte alls har några kristna värderingar som praktiserar fasta, men med helt andra motiv. En bra motivering att göra något är inte detsamma som att förnya sinnet.

När vi tillåter oss själva att uppleva vad Guds Ord verkligen lär ut när det kommer till överlåtelse genom fasta, vad praktisk andlighet på ett regelbundet sätt för att bli mer lik Jesus betyder, då sker förvandlingen.

Förvandlingen sker därför i våra sinnen först när karaktären omdanas genom att en ny livsprincip får födas. Det sker inte för att vi börjar fasta, och inte p.g.a. vad vi gör utan vad ordet gör i oss. När den helige Ande får fullt befogande att leda så undergår vårt tänkande en förvandling genom vad ordet gör i våra sinnen och då ställer vi våra kroppar till förfogande. Hela vårt mentala synsätt måste ändras och förnyas radikalt. Vi skall tänka och inrikta oss på det som hör till det andliga, om och om igen.

De som lever efter sin köttsliga natur tänker på det som hör till köttet, men de som lever efter Anden tänker på det som hör till Anden. Köttets sinne är är död, men Andens sinne är liv och frid. Köttets sinne är fiendeskap mot Gud. Det underordnar sig inte Guds lag och kan det inte heller. De som följer sin syndiga natur kan inte behaga Gud. Rom. 8:5-8

Detta betyder något mer än bara ett skeende, eller en kunskap. Att leva i Anden och att göra det till vår livsstil, det betyder att vi aktiverar vår insikt som är genererad ifrån Ordet och Andens sinne blir då bestående. När vi hänger oss till fostran blir resultatet ödmjuk lydnad. Detta är att tjäna Gud. Kan du se att fasta och bön är resultatet av ett förnyat sinne, som leder till att köttet korsfästes.

Guds plan för våra liv är att ha Andens sinnelag som betyder liv och frid.

Ty köttet söker det som är emot Anden och Anden söker det som är emot köttet. De två strider mot varandra för att hindra er att göra det ni vill. Gal. 5:17

Självklart vill vi ju vandra i Anden, men vår naturliga människa

49

hindrar oss, som den här versen förklarar. När vi engagerar oss i Ordet och gör det som behagar Gud i vilket område det än gäller så kan det betyda att det uppstår en konfliktsituation och det är inte längre frid i Guds tempel och den konsekvensen får vi handskas med.

Som vi just har läst i Romarbrevet 8 så är det vad vi har i tankarna som bestämmer vår destination, hur vi lever och handskas med livets vardagliga situationer. Det är därför av allra största vikt att när vi förbereder oss för att leva ett liv av regelbunden fasta, att det är klart vad vi föredrar och tänker och inte fortsätter vår gamla attityd som vill fortsätta att styra vårt tänkande.

Det är lätt att förstå att man måste förnya sitt sinne, men tekniken hur det skall gå till varierar från individ till individ. En del människor bara bestämmer sig, för det är det rätta att göra, andra behöver längre tid att moget överväga fördelar och nackdelar, andra igen vill pröva hur det verkar om det verkligen känns bra osv. På sätt och vis är det en viss likhet med sådana här avgöranden som det är med att bli född på nytt, man måste komma till ett avgörande beslut. Skeendet eller processen fram till det varierar som vi vet men resultatet är ett nytt liv i Anden. Det är vad vi skall ta fasta på, att en nydaning verkligen har ägt rum och följden blir regelbunden fasta varje vecka från och med nu.

Här är några av anledningarna som ligger till grund, till varför du tar ett sådant beslut. Vilken du än föredrar så är det en överlåtelse för livet.

- Det är bibliskt
- För att lydigt följa Jesu lära
- För att betjäna Gud
- För att betjäna människor
- Att ödmjukt och ångerfullt få syndernas förlåtelse, regelbundet
- Att bli skickliggjord för den kallelse som jag har
- För att bygga upp min inre människa
- Att kunna korsfästa köttet regelbundet
- Att bli helgad och renad
- Det är min skyldighet för att bli ett föredöme

Den som säger att han förblir i Honom måste själv leva så som han levde. Det är faktiskt vår skyldighet enligt 1 Joh. 2:6.

Vad Betyder Ordet "Fasta"

Innan vi börjar titta närmare på vad Bibeln har att lära oss om tillgiven överlåtelse och hängivet underordnande genom fasta, så låt oss förstå vad ordet fasta står för. Det betyder helt enkelt att inte äta, att totalt avhålla sig från och att inte tillåta sig någon form av föda, varken fast eller flytande, under 24 timmar eller mer. Det är detta som jag i fortsättningen hänsyftar till när jag använder ordet fasta, biblisk fasta.

Detta begriper väl vem som helst? Nej, inte nödvändigtvis. Faktum är att det finns många former av fasta som förespråkas i kristna sammanhang. Man tillåter olika former av flytande mat såsom olika slag av fruktjuicer, protein- och grönsaksdrinkar m m. En annan variant är att man utesluter ett mål mat och kallar det för fasta, eller att man inte äter kött och kallar det för fasta. Detta är ju en form av diet. Man rekommenderar även att dricka varmt vatten med honung och citron för att lindra hungerkänslorna. Det finns människor som avhåller sig från vissa saker som TV-tittande eller golfspel och kallar det för fasta. Följaktligen kan man tillåta sig många varianter och kalla det fasta. Att avhålla sig från det ena eller det andra för att helga sig eller för vilket gott syfte som helst är gott och väl men man skall inte använda ordet fasta.

Vid ett tillfälle, när jag hade talat till en grupp av män i en kyrka om fasta, kom det en herre upp till mig och sade att han just var i färd med en 40 dagars fasta. Jag responderade med en uppskattande beundran, för jag hade aldrig träffat någon som gjort detta. Han svarade att det gjorde han rätt ofta. Mitt intresse växte efterhand som jag talade med honom och mina frågor kom en efter en. Jag frågade vilken dag han var i just nu, hur han kände sig och anledningen osv. När jag kom till frågan om han fastade med enbart vatten, svarade han ja, men man får ju ha en liten smörgås innan man går till sängs. Det var som att hälla en hink vatten över mig. Först trodde jag han skämtade, men han var allvarlig och stolt över sitt tilltag. Detta gjorde

51

mig även mer förvissad över hur viktigt det är med en klar och biblisk undervisning i detta ämne.

Hängivenhet genom fasta och bön är inte en prestation eller ett mål i sig själv, utan det är ett synnerligen gudomligt och naturligt skeende i vårt privata gudstjänstliv. Man kan även säga att om detta område saknas så saknas gudsordets framtoning i vårt liv. Det finns tre namn hämtade ur Bibeln som beskriver olika former av fasta.

Den första är normalfasta, Matt 4:2, och beskriver total avhållsamhet från all sort av näring eller föda, flytande som fast, och här gäller enbart att dricka vatten. Denna hänsyftar till Jesu fasta. Den andra typen är den absoluta fastan och är hämtad från Apg. 9:9 och Ester 4:16. Den beskriver att avhålla sig från både vatten och all form av mat eller näring under en period av tre dagar och nätter. Till den här kategorien hör ju även Moses 40 dagar 1 Mos. 34:28 och Elia i 1 Kon. 19:8. Dessa fastor är ju övernaturliga, det är enbart genom Guds ingripande detta är möjligt. Den tredje är kallad partiell fasta och hänsyftar till Dan. 10:2-3

Jag , Daniel, hade då gått sörjande tre veckors tid. Jag åt ingen smaklig mat, kött och vin kommo icke i min mun, ej heller smorde jag min kropp med olja, förrän de tre veckorna hade gått till ända.

Märk väl att det nämns ingenting om fasta i detta sammanhang, även då dessa olika former av fasta är hämtade ur Bibeln och indelade i tre olika kategorier. Det är lätt att bli missledd att tro att det finns bibliskt underlag för partiell fasta, men det finns det inte. Återigen bör det nämnas att det inte är något fel med att avhålla sig från viss form av mat eller olika vanor för det ena eller andra goda skälet. Nämnas bör att dessa tre former av fasta inte är bibliska utan enbart namn som vanligen är använda att beskriva vad som står i dessa bibelversar. Om man ersätter den bibliskt riktiga fastan med olika avarter, så är det fel, och har sin grund i oförstånd.

Det finns även andra namn som är hämtade ur Bibeln som man beskriver olika former av fastor som t.ex. Johannes döparens fasta, aposteln Paul fasta, änkans fasta, Elias fasta, och Samuels fasta, osv. Men när man expanderar meningen med ordet fasta så till den grad att ordet egentligen inte har någon direkt mening, då har vi ingen användning för Bibeln längre.

Det är viktigt att vi förstår meningen med ordet fasta och det är att vara totalt avhållsam från all sorts flytande eller fast föda eller näring, att enbart dricka vatten under en period av 24 timmar eller mer. Den enda varianten som Bibeln uttryckligen talar om är att även avhålla sig från att dricka vatten, men enbart för 3 dagar och nätter. All annan form är obiblisk.

Det är så lätt att glida iväg från vad som är den enkla sanningen och bli vilseledd när det kommer till Guds ord. Vi kan ju jämföra andra områden som har satt sina spår i kyrkohistorien, som t.ex. vuxendopet kontra barndopet, lovprisning kontra psalmsånger, dopet i den helige Anden med tungotal som bevis, kontra de andliga gåvorna. Vi är bra på att krångla till det och blir snuvade på det äkta riktiga. Om vi accepterar att ordet fasta betyder det vi personligen anser, och applicerar den regeln till resten av Bibeln, så är vi verkligen på villovägar.

Så kan det ju inte få vara. Sunt förnuft går väldigt långt som jag tidigare nämnt, om vi bara kunde låta Bibeln få förklara och tolka Bibeln.

Det finns ingen anledning att göra tillgiven överlåtelse genom fasta komplicerat eller att använda detta ämne som någon ny skiljelinje mellan olika grupperingar inom kyrkligheten, tvärtom tycker jag att vitalisera våra personliga gudsjänstvanor skulle kunna bli en anledning till enhet och särprägel. Ansvaret och den underbara möjligheten förblir hos våra ledare, pastorer, präster, lärare, äldstekår och liknande tjänster.

Syftet är ju att vi uppträder i helighet och renhet inför Gud och inte är ledda av världslig visdom, utan av Guds nåd, så att vi blir en förebild för de människor vi leder.

Jag går hårt åt min kropp och tvingar den till lydnad, för jag vill inte predika för andra och själv komma till korta. 1 Kor. 9:27

Att Mentalt Förstå Ordet Fasta
och Med Rätt Attityd

Återigen vill jag framhäva den stora vikten av att ordet fasta inte enbart blir ett uttryck för en aktivitet i sig själv, med avsaknad av vad som egentligen är den grundläggande avsikten.

Det är hängiven överlåtelse som har denna form, eller om jag uttrycker det så här: innehållet i en flaska är mera viktigt än flaskan. Precis som bön är en kommunikation som består av ord, så är ju bön också bara en ritual och totalt meningslöst om vi bara säger ord utan att tänka på vad vi säger eller långa meningar utan att hjärtat är med. Stärks vår tro och vårt förhållande till Gud om vi ber ofta? Naturligtvis, men det har ett direkt förhållande till hur vi ber och hur ofta. Egentligen har vi nog en ganska bra förståelse när det kommer till bön, vår praktiska verklighet däremot kan vara en annan. Principen är likadan när det kommer till fasta. När jag använder ordet fasta vill jag att du skall förstå att det är just överlåten och hängivet underordnande med full trosvisshet som tagit sitt uttryck i praktisk rationellt andlig gudstjänst i form av regelbunden fasta. I första hand att tjäna Gud och sedan att tjäna människor, och det är detta som är hela betydelsen med ordet fasta och genomsyrar hela boken.

När Jesus var ombedd att lära ut hur man skulle be så fortsatte han omedelbart att lära hur man skulle fasta, som om dessa två hörde ihop. Följaktligen kan vi dra den slutsatsen att om vi ber och fastar ofta kommer det att bygga vår tro och vårt förhållande med vår Gud och Fader. Det finns ingen anledning att göra detta komplicerat eller svårt. Naturligtvis har det att göra med disciplinerat leverne. Det finns ingen risk för att det skall framtona något nytt förbund baserad på en doktrin som har med dessa principer att göra. Numera förstår jag hur sant det är.

Seriösa som vi är så vill vi ju växa till i mognad även i detta ämne, och lära oss med rätt attityd, annars så löper vi risken att hamna i en värre situation än när vi började. Om du har försökt dig på med att fasta, men inte riktigt lyckats eller helt enkelt tröttnat och resignerat, är det möjligt att det beror på att du sitter fast i någon form av attityd, människotankar som måste gå. Bestäm dig nu, lämna det gamla, glöm det och bli fri. Vi blir helgade och rentvådda genom den rening som äger rum tack vare Ordet, Jesus Kristus. Vår inställning får ju inte vara inriktad på att uppnå andlig mognad enbart genom att lydigt fasta och be. Vår attityd skall vara att genom ett uppriktigt hjärtas längtan hänge oss till Ordet och den helige Andens ledning. Andlig mognad beskriver någon som har sina sinnen tränade, genom ett sant hjärta och full trosvisshet gentemot Gud. Lydighet åtföljs av ett ödmjukt och ångerfullt hjärta.

Men Gud vare tack! Ni var slavar under synden men valde att av hela ert hjärta lyda den lära som ni blivit införda i. Och när ni då gjordes fria från synden, blev ni slavar under rättfärdigheten – jag väljer en mänsklig bild med tanke på er mänskliga otillräcklighet. Ty liksom ni gjorde era lemmar till slavar åt orenheten och laglösheten och blev laglösa, skall ni nu göra dem till slavar åt rättfärdigheten och bli heliga. Rom. 6:17-19

Var inte inställsamma ögontjänare, utan var Kristi tjänare som helhjärtat gör Guds vilja. Ef. 6:6

Lydnad är en Kärlekens Gärning

· Lydnad förlöser hängivet underordnande och är resultatet av fostran

· Lydnad är en aktivitet som är uttrycket och det tacksamma gensvaret hos hjärtan som upplevt förlossning och frihet i Kristus, eller som det heter pånyttfödda kristna.

· Lydnad har också sitt praktiska utryck i heligt leverne, att gladligen underordna sig de krav som genom Guds vilja blivit verkligjorda i våra hjärtan tack vare Ordets uppenbarelse genom den helige Ande.

Detta är beviset på att Guds kärlek har kommit till fullt herravälde hos oss, vi har frimodighet på domens dag. Vi kan ha det, ty sådan Kristus är, sådana är också vi, medan vi är här i världen. 1 Joh. 4:17

Var och en som har detta hopp till Kristus, han renar sig själv,
liksom Kristus är ren. 1 Joh. 3:3

Det menas alltså att kärleken är fulländad i frimodighet, och att lydnad och renande är viktiga beståndsdelar i att bli lik Honom.

Det är ju lätt att förstå, så att göra det betyder att Guds herravälde blir rådande i våra liv genom lydnad. Vårt sinne är krigsskådeplatsen, det är där kampen utkämpas. Det är därför Bibeln talar om vapen och strid. Det duger inte med att tycka att detta är en bra och nyttig undervisning. Vad som skiljer denna undervisning från någon annan, är att detta har att göra med korsfästelse av köttet och det händer inte av sig själv. Vi måste bli engagerade, göra ordet och bryta ned argument och tankebyggnader. Alltså, ska vi bryta ned tankar som: "det är nog bra att fasta för hälsans skull" eller "det är nog en bra ide."eller"det är nog ett bra sätt att hålla nere vikten, "samt liknande.

Vi ska istället använda oss av Guds ord, vårt vapen, så att våra tankar blir fyllda av kraft och ger trosvisshet. Som det står skrivet "vi är Guds slavar" alltså kärlekens slavar, då Gud är kärlek.

Och vi är redo att bestraffa all olydnad, när vår lydnad har blivit
fullständig. 1 Joh. 3:6

Och allt som trotsigt reser sig mot kunskapen om Gud, jag gör
varje tanke till en lydig fånge hos Kristus och är beredd att straffa
all olydnad, så snart er lydnad har blivit fullständig. 2 Kor. 10:5-6

Meningen är ju att vi kan förstå och tillägna oss Hans stora kärlek och genom den, beredvilligt få tillgång till Hans vilja i våra liv. Det är när andra tankar som motsäger sig Guds vilja i våra liv och förhindrar vår tro att växa som vi omedelbart måste handla och stoppa dessa tankar och tänka om. Som sagt är det i vårt sinne, vår tankevärld som striden utkämpas.

Därför måste vi bestraffa denna olydnad i vår tankevärld och det som motsäger sig Guds vilja i våra liv, det som förhindrar att vi blir andligen utrustade. Detta gäller också tankar som bitit sig fast i vårt sinne och inställningar som är världsliga och som styr vårt sätt att tänka och leva. Det spelar ingen roll hur vettigt och förståndigt det verkar, vår åsikt får inte styra oss. I mitt kött bor inget gott, skriver aposteln Paulus.

Du kanske tycker att jag lägger ner för mycket tid med att förklara detta med att förnya sinnet och att bana vägen för nytänkande. Faktum är att man även inom populära seminarier har förstått att det inte räcker med enbart upplysning och information, även då detta är principiellt riktigt.

Som exempel, när det kommer till äktenskapsseminarier, kan man inte längre visa på hållbara bestående resultat, därför att vi är så bundna av våra tankebanor och invanda mönster.

Meningen är att vi måste bryta ned de mänskliga, köttsliga, världsvisa tankebanor och inställningar. Det gamla måste gå, och den nya skapelsen, med nytänkande och frigjordhet skall segra.

När vi inser att hela vår mänskliga natur kämpar emot guds-vägen (kunskapen), vad det än gäller i vårt andliga liv. Nu gäller det hängiven överlåtelse genom fasta. Trons lydnad styrd av hjärtat och ledd av den helige Ande. Därför att lydnad är frukten av fostran.

Låt oss tillsammans be genom att använda orden i 2 Kor. 10:4-5 och Hebr. 10:22.

Eftersom jag är ett Guds barn, så strider jag inte som människor av denna världen gör. De vapen som jag använder i striden är inte världsliga, utan Guds kraft är verksam i dem, så att jag kan bryta ned befästningar. När jag brukar dessa vapen kan jag bryta ned spetsfundiga tankebyggnader och allt som reser sig till motstånd mot kunskapen om Gud och jag tar varje mänsklig tanke till fånga under lydnaden mot Kristus, i enlighet med Guds ord.

Låt mig därför gå fram med ett uppriktigt hjärta i trons fulla visshet. Mitt hjärta är renat, jag är befriad från mitt onda samvete och min kropp är tvagen i rent vatten. Tack gode Gud för för din vägledning. Jag är stark i Dig, men jag vet vad som håller mig tillbaka från att vara övervinnare och det förhindrar mig att lydigt underordna mig. Jag är medveten om befästningarna i mitt sinne. (om möjligt namnge dem) så nu bryter jag ned dem och förgör dem totalt, i Jesu Kristi namn. Amen.

Nu kan vi glömma det som ligger bakom och sträcka oss till det som ligger framför, och jaga mot målet för att vinna segerpriset. Som Paulus skriver i Fil. 3:13-14. Och fortsätter,

Det är så vi bör tänka, alla vi fullkomliga. Tänker ni fel i något avseende, skall Gud uppenbara också det för er. Dock, låt oss hålla fast vid det som vi har nått fram till. Fil. 3:15-16

Låt oss fortsätta att bedjande använda orden från Ps. 119:12-18:

Lovad vare Du, Herre! Lär mig Dina stadgar. Med mina läppar förkunnar jag alla domslut från Din mun. Jag jublar över Dina vittnesbörds väg som över stora skatter Jag vill begrunda Dina befallningar och tänka på Dina vägar. Jag har min glädje i Dina stadgar, jag glömmer inte Ditt ord.

Öppna mina ögon så att jag ser undren i Din undervisning.

Jag överlåter mig till den helige Ande att leda mig, informera mig, helga mig, forma mina tankar så att jag blir bättre rustad och skickad att leva i lydnad och tillit till Ditt ord Fader. Genom tillgivet överlåtande och hängivet underordnande att följa Jesu Kristi lära i fasta o bön. Amen.

Ställ Dig själv i Guds Tjänst

Synden skall därför inte härska i er dödliga kropp ,så att ni lyder dess begär. Ställ inte era lemmar i syndens tjänst, som vapen åt orättfärdigheten, utan <u>ställ er själva i Guds tjänst</u>. Ni som var döda men nu lever, ställ era lemmar i Guds tjänst som vapen åt rättfärdigheten.

Ni var syndens slavar men har nu av hjärtat blivit lydiga mot den lära som ni blivit överlämnade åt. Så skall ni nu ställa era lemmar i rättfärdighetens slavtjänst till helgelse.
Utdrag från Rom. 6:12-19

Vi har nu lagt ned grundförutsättningen, genom att förnya vårt sinne på det här området, förvissa dig om att det verkligen är så innan du läser vidare. Det är förutsättningen för att gå vidare och ta till dig detaljerade informationer kring de praktiska händelseförloppet om fasta. När vi lydigt följer det nydanade hjärtats ingivelse, så krävs en avgörande handling, som leder till att vi ställer vår kropp i rättfärdighetens slavtjänst till helgelse. Jag vill uppmuntra dig att frimodigt utnyttja denna gudsväg på andra områden i ditt liv.

Använd dig av den här boken som en påminnelse, vägledning och bekräftelse, som du ser är den fylld av bibelcitat och uppbyggande vägledning. Sådant som hjälper dig att leva i samstämmighet med Guds ord. Att stå emot köttets gärningar och befrämja Andens inriktning. Den här boken är ett bra verktyg när du vacklar i din övertygelse, när du behöver stärka dig att stå emot köttets gärningar och underhålla Andens liv och ställa dig i Guds tjänst att bli tränad och skickad till överlåtelse.

Om du låter dina tankar styra ditt liv så att nu när du vet hur du skall handla, att du kan inrätta ditt liv efter Ordet, att leva som Jesus lär för resten av ditt liv. Då är du en övervinnare.

Låter du däremot din gamla människa fylla dina tankar, med tvivel och otro, så kommer du att misslyckas och hamna i synd på grund av din kunskap, som vapen åt orättfärdighet. Och det vill ingen av oss, eller hur?

Bli ordets görare, inte bara dess hörare, annars tar ni miste.
Jak. 1:22

Den som hör dessa mina ord och handlar efter dem är som en klok man som byggde sitt hus på berggrund. Matt. 7:24

Och den som hör dessa mina ord men inte handlar efter dem är som en dåre som byggde sitt hus på sand. Matt. 7:26

Den som vet hur man handlar rätt, men inte gör det, han begår en synd. Jak. 4:17

Ställ din kropp i rättfärdighetens slavtjänst till helgelse genom regelbunden fasta och bön i enlighet med biblisk lära.

Tredje Delen

Vem Skall Fasta?

I detta ämne av överlåtelse och hängivet underordnande genom fasta, skall vi börja med att dela upp undervisningen i tre rubriker, vem, varför och hur. Låt oss börja med att lära oss vad Bibeln säger om vem som skall fasta.

*Ja, han tuktade dig och lät dig hungra, och han gav dig manna att
äta, en mat som du förut inte visste om och som inte heller dina
fäder visste om, för att han skulle lära dig förstå att människan
lever inte endast av bröd utan att hon lever av allt det som utgår
av Herrens mun.* 5 Mos. 8:3

Genom hunger tuktade, lärde och fick Han människan att förstå att det är inte enbart mat som gäller. Hängivet underordnande genom fasta har definitivt en fostrande inverkan i många livets olika faser, som inte kan ersättas av något annat. Som t.ex. att korsfästa köttet, ångerfull syndabekännelse, ödmjukhet, ordning, självkontroll och hängivenhet o.s.v.

Lägg märke till: *"Han tuktade dig för att lära dig förstå genom att Han lät dig hungra."* Alltså menas det att genom hunger kan vi lära oss läxan, och förstå att det som är väsentligt för oss, är varje ord som utgår ur Herrens mun, eller som den helige Ande uttrycker det idag:

*De som lever efter sin köttsliga natur tänker på det som hör
till köttet, men de som lever efter Anden tänker på det som
hör till Anden.* Rom. 8:5

Jesus citerar ifrån just 5 Mos. när Han frestades efter 40 dagar och 40 nätters fasta. Då kom frestaren till Honom och sade:

"Är Du Guds Son, säg då att dessa stenar skall bli bröd." Jesus

svarade Det är skrivet: Människan skall leva icke endast av bröd
utan av varje ord, som Gud talar. Matt. 4:3

Det gällde inte någon speciell grupp av människor, som profeter eller präster, det gäller människor i allmänhet, du och jag. Gud talar till alla människor till sin skapelse. Den här frågan är lätt att besvara, varenda en av oss borde gå hungrig för att lära oss att livet är mer än bara mat och att det är möjligt att leva av Ordet, och till och med att det går förträffligt bra, så att det även kan bli till en livsstil. När lärjungarna upptäckte att Jesus inte åt något, så kan vi ju förstå att Han hängav sig till Faderns vilja, utan att lärjungarna förstod vad det var fråga om . Han helt enkelt gjorde vad han lärde. Vi skall återkomma till det senare, men låt oss se hur Jesus svarade:

Han svarade: "Jag har mat att äta som ni inte känner till."
Joh. 4:32

"Min mat är att göra hans vilja som har sänt mig och att
fullborda hans verk. Joh. 4:34

Han gjorde ingen lång utläggning att han fastade, att Han gjorde det regelbundet och att Han gjorde det på ett speciellt sätt. Det var en del av Hans livsstil som lärjungarna helt plötsligt upptäckte och Johannes tyckte det var viktigt att skriva om Vi har väl alla vid något tillfälle varit så upptagna av det vi varit sysselsatta med att vi helt enkelt glömt att äta eller ens haft tanken på mat. Vi var inte hungriga, vi hade inte tid att äta. Mat hade plötsligt blivit en andrahands fråga. Låt oss tänka tanken ut att vara som Jesus, att vara så upptagna av att göra Guds vilja att det blir vår näring. Vilken härlig tanke.

I det här sammanhanget vill jag nämna att när du fastat regelbundet för en längre tid, händer just detta att du inte tänker ens på att du fastar. Det blir så mycket del av din livsstil att du inte ens har hungerskänslor eller tänker på mat eller föda. Detta är en sann erfarenhet.

Jesus Undervisar Om Fasta

I Matt. 6:5-18 undervisar Jesus beträffande bön och fasta, Han börjar i vers 5 med orden "När ni ber . . ." och fortsätter i vers 16: "När ni fastar . . . " Frågan är inte om de fastar utan Han tar för givet att det är lika vanligt som att de ber, och kompletterar så undervisningen.

Ett vanligt argument i det här sammanhanget är att fasta var del av kulturen på den tiden, men att det inte är del av vår kultur ? Fasta är absolut inte en del av vår kultur och det är heller inte vanligt att man undervisar regelbundet om detta i våra kyrkor. Det finns många böcker skrivna när det gäller bön och även en hel del undervisning, men till skillnad från Jesu lära så utesluter man fasta, även då dessa två aspekter enligt Jesu lära hör ihop.

Det här är ett typiskt exempel på vad som gäller när den mänskliga naturen, eller köttet sätter prägeln. Köttets sinne underordnar sig inte Guds ord, och kan det inte heller, som det står skrivet om i Rom. 8:7. Om vi bejakar att bönen som Jesus undervisade om gäller oss, så måste ju rimligtvis läran om fasta gälla oss också.

Detta är en självklar slutsats som får oss att förstå att fasta skall vara del av vår regelbundna livsföring såväl som bönen är det. Detta har betydelse för mig som ett Guds barn, en Jesu lärjunge, en kristen, som verkligen söker att leva i överensstämmelse med Gudsordet, sanningen.

Ingenting kan glädja mig mer än att höra, att mina barn lever i överensstämmelse med sanningen. 3 Joh. 1:4

Ett annat ställe där Jesus undervisar i det här ämnet är när Han säger "och då skall de fasta"

Sedan kom Johannes lärjungar fram till honom och frågade: "Varför fastar inte dina lärjungar, när både vi och fariséerna fastar?" Jesus svarade: "Inte kan väl bröllopsgästerna sörja så länge brudgummen är hos dem. Men det skall komma en tid då brudgummen tas ifrån dem, och då skall de fasta." Matt. 9:14-15

Om Jesus på ett så definitivt sätt undervisade och förväntade sig att hans lärjungar skulle fasta, är det ju lätt för oss att förstå att det gäller oss också.

Det här ger oss ett klart och tydligt svar på frågan vi började med i detta stycke, vem skall fasta? Vi, alla Hans barn naturligtvis.

De här bibelställena, är vad vi behöver för att ge oss försäkran om vem som skall fasta och att det hör hemma hos oss alla som är födda på nytt, vi kristna som en del av vår mognadsprocess. Den första kyrkan praktiserade fasta på ett regelbundet sätt som en del av sin livsstil och sitt tjänande till Gud och till människor.

När de tjänade Herren och fastade, sade den helige Ande :
"Avskilj åt mig Barnabas och Saulus för den uppgift som jag
har kallat dem till." Då fastade de och bad och lade händerna
på dem och sände ut dem. Apg. 13:2-3

Cornelius svarade: "Just vid den här tiden för tre dagar sedan
fastade jag , och vid nionde timmen bad jag här hemma, när
plötsligt en man i skinande vita kläder stod framför mig.
Apg. 10:30 Fritt översatt från engelska King James Version

I svenska folkbibeln 98 har man uteslutet ordet fasta, varför jag kvoterar från den engelska översättningen. I grundtexten använder man det grekiska ordet nesteno, som betyder fasta.

En gudsman som Charles G Finney har skrivit följande: "Ofta när jag känner mig kraftlös och frestelserna blir för närgångna, har jag ett ständigt behov av att fasta och be för dagar, och att tillbringa mycken tid i att underhålla mitt eget andliga liv, så att jag kan bibehålla den intima gemenskapen till Gud."

Jag tycker han utrycker sig bra när han beskriver betydelsen av fasta i en speciell situation: "så att jag kan bibehålla den intima gemenskapen till Gud". Det är ju det vi behöver i vår kamp mot köttet eller vår mänskliga natur, som ständigt är ute efter oss med intryck och upplevelser för att förföra oss att bli trolösa och olydiga och så förlora gemenskapen med Gud.

Fjärde Delen
Varför Skall Vi Fasta?

Martin Luther har besvarat den här frågan på ett bra och förståndigt sätt. "Man skall inte fasta för att göra en god gärning, utan enbart och jag menar uttryckligen enbart för att bli utrustad och skickad att leva i samstämmighet med Guds ord."

Ge därför noga akt på ert liv. Lev som förståndiga människor, inte som oförståndiga använd varje tillfälle på bästa sätt ty denna tid är ond. Var därför inga dårar utan försök att fatta, vad Gud vill att ni skall göra. Ef. 5:15-17

Naturligtvis ligger det väl i allas vår strävan att vara så tränade och skickade i vårat liv och i vår tjänst att det stämmer överens med Hans ord. Att ständigt leva i förändring, förnyelse och utveckling för att skickliggöras av den helige Ande är en bra förutsättning att eftersträva. Att använda fasta i denna vår strävan kanske är en ny och tydligen inte så ofta använd väg, men låt den helige Ande leda dig till sanningen även här.

När jag proklamerar underordnande hängivenhet genom fasta som en livsstil vilken hör hemma hos oss som älskar Jesus (var det än är, här i Sverige, USA, eller Mexiko), så möter jag ju många olika sorters kristna med olika sorters förflutet, även en del med gedigen bibelkunskap och människor i tjänst. Genomgående måste jag tyvärr medge att det finns hos de flesta en attityd att försvara sin icke-fastande livsstil, övervägande hos män. Generellt kan man väl säga at vi alla har en tendens att försvara vår icke-bibellydiga livsstil, på vilket område det än gäller, när vi blir konfronterade. Jag har valt ut några av argumenten från en del av dessa människor.

65

- "Jag har aldrig upptäckt hur viktigt det är med fasta även då jag läst genom Bibeln från pärm till pärm 16 gånger"
- "Kärlek är väl viktigare än att fasta "
- "Gud har talat till mig om olika saker men aldrig om fasta"
- "Man kan vara andlig utan att fasta"
- "Man kan fasta på så många olika sätt"
- "Det är andra områden i mitt liv som jag måste handskas med först"
- "Jag tycker det verkar så lagiskt"

I stort sett är dessa argument ett uttryck av okunskap och tyckande, men tyvärr vanligt förekommande.

Lagiskhet betyder att inte ha valfrihet, vilket innebär att strikt följa lagar enligt religiösa eller moraliska bud.

Jag har lärt mig att lagiskhet å ena sidan och ljum tro å andra sidan är två ytterligheter och att båda är diken som vi skall undvika. Fienden bryr sig inte om vilket dike vi hamnar i, så länge vi inte handlar i enlighet med Ordet och blir tillgivet överlåtna och dynamiskt skinande strålkastare för Guds rike. Det är inte fråga om att vara en ordinär kristen, med ett litet ljus. Som i sången "det lilla ljus jag har."

Okunnighet, ovetande och dumdristighet hör inte hemma i något område i våra liv. Absolut inte när det utrycker sig i stolthet.

Hängiven överlåtelse genom fasta är ju bara en del av vårt liv som helgade, men en viktig del, som ofta är åsidosatt. Det finns många olika anledningar till det, men mest för att vi är okunniga och inbillar oss att det är svårt och kräver för mycket av oss. Kom ihåg att det inte är svårt när det kommer ur ett övertygat och överlåtet hjärta. Det finns andra sätt att utöva hängivenhet på, men detta är det enda som inkluderar korsfästelse av köttet och är därför så genomgripande. Vi får inte blanda ihop detta med att vi förtjänar något från Gud, genom vårt handlande. Fasta är ett gensvar på Guds nåd, ja ett gensvar från oss, en självklar resonabel handling.Det är också något som Gud förväntar, bestämmer att vi lydigt skall inrätta våra liv i likhet med Hans son Jesus.

Många av oss är väl medvetna om hur det är att utveckla andra områden i våra andliga vanor som, individuell tid för bön, bibelstudier eller enbart meditation, lovprisning bara vara i Guds närvaro. Det tar tid att skapa dessa tillfällen i vårt övermättade inrutade program, men vi gör det. Hängivet underordnande fasta skickliggör oss i alla dessa aktiviteter som i sig själv kräver praktisk helgelseaktivitet och överlåtelse, tro mig jag har upplevt detta om och om igen.

Alla dessa individuella aktiviteter är karakteristiska drag som en andligt mogen kristen människa som älskar Herren och har sina sinnen tränade i enlighet med Ordet. Det är inte bara att överlåtelse genom fasta ger oss fördelar på alla områden i vårat andliga liv, Gud har lovat att belöna oss också. Jag vill poängtera att fasta inte enbart är kännetecken för andlig mognad. Varför skall vi praktisera tillgiven överlåtelse genom fasta?

1. Detta tillhör vår tjänar gärning, vår tjänst inför vår Fader och Gud.

2. Detta tillhör vår tjänst till förmån för vår medmänniska.

Låt oss ta lärdom från Guds Ord:

När de tjänade Herren och fastade, sade den helige Ande: "Avskilj åt mig Barnabas och Saulus för den uppgift som jag har kallat dem till." Då fastade de och bad och lade händerna på dem och sände ut dem. Apg. 13:2-3

När vi tittar närmare på händelseförloppet i denna församling förstår vi att det var några profeter och lärare som höll gudstjänst inför Herren med fasta. Tyvärr är det så att flertalet av våra kyrkoledare och församlingar av idag negligerar och praktiserar inte den här delen av gudstjänande. Detta är inte någon negativ kritik, utan ett sant och nyktert faktum av en misshällighet som kan rättas till. I gudomlig ordning så vet vi att tjänandet av Gud kommer före tjänandet av människor. Lägg märke till hur konsekvensen av gudstjänandet att den helige Ande ger ett tilltal om hur tjänandet av människor skall verkställas.

Som vi ser i vers 2 hur den helige Ande gav direktiv under tiden man höll gudstjänst och fastade inför Herren, så vi drar slutsatsen att det var det hela, men så är det inte. När vi fortsätter att läsa i vers 3 nämns det igen att de fastade. Varför upprepa detta? Därför att det hade att göra med två gånger. Om du läser igenom detta stycke igen så ser du vad jag menar. Man fastade igen för att den speciella överlåtelsekraften var nödvändig för det som förestod. Dessa två verser beskriver två episoder, som var beroende av varandra. Först tjänande av Herren sedan tjänande av människor genom fasta.

Vid andra tillfällen använde man sig av fasta och bön när man avskiljde äldstebröder.

I varje församling valde de äldsta åt dem. Sedan de hade bett och fastat, anbefallde de dem åt Herren, som de hade kommit till tro på. Apg. 14:23

Detta förekom som en del av deras inlärda mönster, som de var instruerade så lärde de ut till andra. Det hör inte till vanligheterna i dagens församlingar att använda sig av fasta vid några tillfällen, därför att man helt enkelt inte lär ut och praktiserar detta. Bön, fasta, anbefalla, överlåta till Herren är lika med hängivet underordnande. I USA är det vanligt att ha bönesamlingar som en del av en frukost eller lunch. Ätandet har blivit en regel som mer är en vanlighet, därför att vi har gjort det till vår livsstil.

Vi tillåter oss att bli begränsade och det är faktiskt tjänster som vi inte kan utföra, som Jesus talar om i Mark. 9:14-29. Vi är ju bekanta med detta bibelställe som handlar om fadern som hade en besatt son, (som påminde om epileptiska anfall). Jesus är här igen klar i sin lära när Han säger:*"inte något annat än bön och fasta."*

När Jesus hade kommit inomhus, frågade hans lärjungar honom i enrum."Varför kunde icke vi driva ut den. Han svarade dem, detta slag kan icke drivas ut genom något annat än bön och fasta"

Att låta ödmjuk hängivet underordnande ta sitt uttryck i regelbunden fasta och bön som i sin tur leder, förvandlar och förbereder oss genom den helige Ande. Skapa situationer att använda detta som ett verktyg i särskilda behov, i vår tjänargärning som individer och som församling, detta är andligen hälsosamt. Vi behöver inte hamna i negligerat köttsligt mod.

Andlig Mognad i Förhållande till Lydnad

Om du av någon anledning inte erkänner dig tillräckligt andligt mogen för att avgöra om din överlåtelse skall ta den här formen av praktisk helgelseaktivitet, med regelbunden fasta och bön som en del av din livsstil, så vill jag att du finner tröst och uppmuntran i att ta till dig följande, som jag upplevt fungera i många människors liv. Den andliga mognadsprocessen formas efter det att man lärt sig att handla i lydnad till vad ordet säger. Låt oss uppmuntra varandra med att lydnad är en frukt en möjlighet och inte något negativt. Lydnaden tillhör vår fostran i den överlåtelseprocess som regelbunden praktisk gudstjänst innebär, genom att efterlikna Honom vår lärare, överherde och mästare. Jesus Kristus, Han som gav oss mönstret för vårt sätt att leva. Han fick lära sig att lyda. Lydnad är inte något som man förtjänar, utan något som man lär och tränar sig till, likväl som andlig mognad.

Men gå du dit, och ur den rulle som du har skrivit efter min diktamen må du där på fastedagen läsa upp Herrens ord inför folket i Herrens hus. Inför hela Juda, så många som kommer in från sina städer, må du också läsa upp dem. Jer. 36:6

Gud älskar, omedelbar lydnad snabb handling och ett villigt hjärta.

På Fastedagen

Är fasta ett skeende eller begrepp i vårt liv? När vi är en del i Kristi kropp, så är ju vår förmån och skyldighet att leva efter Hans ord och Hans förebild och då blir fastandet en del av vårt naturliga leverne. Fastandet blir då en del av vårt sätt att använda våra kroppar som slavar till rättfärdighet och helgelse. Det i sin tur betyder att jag som är en del av Kristi kropp, tillför uppbyggelse och hjälp till den övriga kroppen, vår församling. När fastade du för församlingens skull sist, som en del i kroppen inte som en metod?

Det vill säga att vi kan se vår individuella strävan i ett större sammanhang, att vårt mål inte enbart är fokuserat att uppnå andlig mognad genom att fasta och vara lydig det skrivna ordet för vår egen skull. Som jag påpekat tidigare skall vår inriktning i livet vara ledd av våra hjärtans längtan att lyda och lyda den helige Ande. När vi gör det så drar hela Kristi kropp nytta av det. Vi måste lära oss att förstå att detta är andliga skeenden och att manifestationen inte är omedelbar i det naturliga. Kampen som pågår konstant utkämpas i sinnet.

Men Gud vare tack! Ni var syndens slavar men har nu av hjärtat blivit lydiga mot den lära som ni blivit överlämnade åt. Nu är ni slavar under rättfärdigheten, sedan ni har befriats från synden.För er mänskliga svaghets skull använder jag en så enkel bild. Ty liksom ni förr ställde era lemmar i orenhetens och laglöshetens slavtjänst, till ett laglöst liv, så skall ni nu ställa era lemmar i rättfärdighetens slavtjänst till helgelse.

Rom. 6:17-19

Känslolös lydnad är ingenting annat än militärisk disciplin eller viljestyrka. Det finns ingen kärlek i det. Guds vilja för oss är att lydnad skall vara en del av vårt uttryck för vår kärlek till Honom. Det är omöjligt att utesluta hänförelse eller passionen ifrån kärlek och fortfarande behålla kärleken. Sann kärlek är ju en kombination av både handling och känslor. Tillgivenhet och passion är oumbärliga delar i vår kärlek till vår Gud och Fader av vår Herre Jesus Kristus, och vår kärlek för vår nästa.

Hängiven överlåtelse som tar sitt uttryck i fasta är alltså del av vår tillgivenhet av sann kärlek och hör hemma i Kristi kropp, församlingen. precis som all annan aktivitet. När vår ledare, pastor, äldstebroder, eller någon annan som står i ledarställning ber att vi skall ta del i någon särskild församlingssatsning av gemensam natur som t.ex. leda bön, leda lovprisning, gatuevangelisering, städa kyrkan, besöka sjuka, eller någon annan funktion, så deltar vi givetvis. Om ledarna nu visste att vi inte hade den förmågan att bidra, så skulle de aldrig begära eller erbjuda denna möjlighet. Just därför att vi har kunskap och lärdom i Kristi lära står vi i beredskap att tjäna och att hjälpa till på allra bästa sätt, därför att vi är Hans verk och skickliggjorda, tränade genom den helige Ande i församlingen.

Därför lär vi oss nu, hur vi kan underordna oss genom att fasta individuellt, så att vi är beredda och kan göra det som församling när det pålyses. Att ta sitt ansvar att vara pålitlig, är vad det är fråga om. Så är det i arbetslivet och så skall det också vara i församlingslivet. En betydelsefull och markant del av en mogen kristens liv är just att vara ansvarsmedveten, även när det kommer till denna tjänargärning.

I Jojakims, Josaias sons,Juda kungs, femte regeringsår, i nionde månaden, utlystes nämligen en fasta inför Herren för allt folket i Jerusalem och för alla dem som hade kommit till Jerusalem från Juda städer. Jer. 36:9

Det var alltså inte en fråga om vem som kunde eller ville, eller om det passade alla. Alla skall vara tränade att kunna efterleva en sådan pålysning.

En annan anledning till överlåtelse genom fasta är att vi skall ödmjuka vår själ genom självdisciplin, och det i sin tur gynnar vår andliga mognad. Som vi vet så är det andlig mognad som behöves för att vi skall kunna träna våra sinnen, eller våra känslor. Genom den processen blir vi känsliga och kan bättre bli omdömesgilla och insiktsfulla, eller praktiskt andliga.

Som det står ... *jag kuvade* (ödmjukade) *min själ med fasta . . .*
Ps. 35:13

Fastan stärker vår vilja, och utvecklar oss i så många avseenden, som tålamod, koncentration och livskraft, den upprättar också en hälsosam inställning till livet i stort. Det är faktiskt så att fasta och bön renar själen likaväl som kroppen, samtidigt som vår tro och karaktär förstärks.

Det finns bara ett språk som vår kropp och själ måste lyssna till och det är regelbunden överlåtelse genom fasta. Vår kropp och själ kommer till att börja med att streta emot, men efterhand att lydigt underordna sig vår ande, som är ledd av den helige Ande. Det finns bara ett sätt att korsfästa köttet och det är genom fasta, det är vår skyldighet. Om inte vi är i kontroll, vad eller vem är det då ? En muskel som inte används kommer att sluta att fungera och blir helt enkelt oanvändbar att utföra vad den är ämnad att utföra. Därför måste vi utöva eller träna våra sinnen som Ordet beskriver.

Ande, Själ och Kropp

Vi föreställer oss att vår kropp är en slav, att vår själ (som står i relation till vårt sinne) är en tjänare och att vår ande är en kung. Så börjar händelsen: själen (tjänaren) får en ide och beordrar kroppen (slaven) att servera en del smaklig god mat och dryck och en ordentlig portion smaskig efterrätt. Kroppen (slaven) går lydigt till verket och serverar (tjänaren) det beordrade, medan kungen, vår ande som skall styra och ställa, är totalt förnekad och berövad sin ledarroll. Det skulle ju vara tvärtom. Kungen, vår ande, skall bestämma och ge order till tjänaren, vår själ och slaven, vår kropp skall lydigt handla.

Här i Sverige har vi ju demokrati och har tagit ifrån kungen sin maktställning, och givit makten till folket. Detta ligger i linje med vad jag just förklarat. Undermedvetet kan detta med "demon-krati" förorsaka hinder i vår personliga utveckling att hängivet underordna oss ledarskap i församlingen, och istället föredra demokrati. Följaktligen hamnar vi i samma principiella dilemma när det kommer till vårt andliga liv. Vår livsstil är onekligen präglad av det samhälle vi lever i. Är vårt samhälle präglat av ogudaktighet, så blir vår livsstil det också. Det är därför nödvändigt med disciplin och att leva, tycka och tänka annorlunda, även när det kommer till våra vardagliga levnadsvanor. När vi hängivet underordnar oss Ordet, genom den helige Andes ledning, då fungerar vi i Guds vilja. Han bor i oss och har herraväldet över vårt sinne, vår själ, och leder vår inriktning, vårt livsmönster.

Apostel Paulus förstod att disciplin och lydnad var nödvändigt, annars var han rädd att komma till korta och att bli diskvalificerad.

Istället slår jag min kropp och tvingar den till lydnad. för att jag inte själv på något sätt skall komma till korta vid provet, när jag predikar för andra. 1 Kor. 9:27

Alla predikar vi ju inte, i ordets rätta betydelse, men det sätt som vi lever och beter oss på är i sig en predikan. När vi står för ledningen i Guds tempel, vår hela varelse, då är det harmoni, och vi kan njuta och trivas och leva ett måttfullt balanserat helgat leverne i enlighet med Hans vilja.

Varning! för Ovarsamt Leverne!

Begär och åtrå tillsammans med aptit och krävande matlust är en riskfylld levnadsstil. När vår kropp eller magen bestämmer vårt levnadssätt som vi just förklarat då är det fel. Det är viktigt att förstå skillnaden mellan vanlig normal hunger och en begärande aptit, så att vi kan kontrollera och styra vårt begär, vår liderliga vilja, vår längtan och lystnad att tillfredställa oss själva.

De som lever för att tillfredställa sina egna syndiga begärelser vill skörda konsekvenserna som blir förfall fördärv och död. Men den som lever för att tillgodose Anden kommer att skörda evigt liv från Anden. Gal. 6:8

Matlagningsprogrammen på TV, gourmetkokböcker, all reklam för läckra maträtter plus restaurangmat av olika slag, hjälper oss knappast i det här sammanhanget. Jag vill gärna erinra om att det inte är något fel med ett hälsosamt normalt seende på god hälsosam mat. Jag rekommenderar därför ingen speciell mat eller enbart vegetarisk hälsokost. En del människor lever för att äta, medan andra äter för att leva. Skillnaden är enorm.

Den som är svag i tron skall ni godta utan att sätta er till doms över olika uppfattningar. Den enes tro tillåter honom att äta vad som helst, medan den som är svag i tron bara äter grönsaker. Den som vågar äta skall inte förakta den som inte gör det; den som inte vågar äta skall inte döma den som vågar, Gud har ju godtagit honom. Rom. 14:1-3

. . . Var och en skall vara fast i sin övertygelse. Rom. 14:5

Detta var en sidosak. Vi skall nu ägna oss åt aptit och krävande matlust. Du kanske tycker att det inte har med dig att göra, därför att du är helt normal. Läs det i alla fall därför att du kanske inte är medveten om sammanhangets betydelse och hur Gud handskas med denna synd.

Då åt de och blev övermätta, han lät dem få vad de hade begär efter. Men ännu hade de inte stillat sitt begär, ännu var maten i deras mun, då kom Guds vrede över dem, han sände död bland deras ypperstaoch slog ned Israels unga män. Ps. 78:29

Ordet "yppersta" är det hebreiska ordet "masham" vilket betyder tjockaste. Man kan alltså läsa den meningen så här: "Han sände död bland de tjockaste." Ordet begär betyder också att kräva vara styrd av, lockande, intensiv lystnad, en stark längtan, en abnorm lust för mat.

Detta hände i Gamla Testamentets tid och det är inte relevant idag, kanske du tycker, men detta är vad Nya Testamentet, har att säga om detta.

Dessa händelser inträffade för att ge oss varnande exempel,
för att vi inte skulle ha begär till det onda, liksom de hade
begär till det. 1 Kor. 10:6

Menas det att mat är något ont? Nej det är ju inte maten i sig själv det är fråga om det är vår attityd till ätandet. Våra onormala krävande begär, det som styr oss, eller helt enkelt våra ursäkter för att få tillfredställa våra begär. Det här är ju en glasklar undervisning och lätt att förstå, och som det står i nästa avsnitt,

När en människa frestas, är det alltid hennes eget begär, som drar
o lockar henne. Sedan blir begäret havande och föder synd, och
när synden är fullmogen, föder den död. Jak. 1:14-15

Om du närmare vill studera denna situation, kan du hitta den i 4 Mose 11. Jag hoppas att du verkligen förstår allvaret i den här varningen, att skillnaden å ena sidan: matglädje,stor aptit och lystnad som ju är våra direkta vanebildande krav och som vi ser det, rättigheter, som är formade i våra sinnen genom känslor, levnadsvanor och traditioner.

Å andra sidan: verklig hunger som relaterar till kroppens behov av näringsrik föda. Jag vet att det är lätt att blanda ihop dessa två koncept, men det är en stor definitiv skillnad. Vi måste lära oss att behärska vår längtan, lystnad, våra smakkörtlar och vårt begär att tillfredställa oss själva,.

Naturligtvis är föda oumbärligt för att bevara liv, men syre, vatten och sömn är mer trängande behov. Vår kropp kan inte fungera mer än fem minuter utan syre eller några dygn utan vatten och sömn. I normala situationer så kan kroppen fungera tillfredställande för flera veckor utan föda. Detta är verkligen "matnyttiga" tankar! En normal frisk och välfödd kropp kan som jag just nämnde fungera flera veckor utan att bli skadad eller arbetsoduglig för avsaknad av föda. Detta är ett väldokumenterat begrepp och har blivit bevisat om och om igen genom hela den mänskliga historien.

Kan mat bli en form av avgudadyrkan?

Bli inte heller agudadyrkare liksom somliga av dem.om vilket skriften berätta, folket satte sig ned för att äta och dricka, sedan stod de upp för att leka. 1 Kor. 10:7

Människans tragiska historia handlar om en oavbruten strid, därför att hon i första hand bara tänker på att tillfredställa sig själv. Många sjukdomar och mycket lidande har sitt ursprung i överdådiga matvanor, i regel av många olika skäl som vanlig glupskhet, att tröstäta, vane-bildande begär eller bara sugen på något gott. Ämnet mat fångar lätt hela vår tankevärld. Svaret på frågan i överskriften är defenitivt. JA, för mat kan bli en form av avgudadyrkan därför att avguderi betyder en överdriven, omåttlig drift eller begivenhet till någonting eller någon på ett ständigt återkommande sätt. En fråga som vi måste besvara är att om inte vår ande har kontrollen när det kommer till vår kropp och själ, när har anden då kontroll?

Den som ej vill veta av tuktan frågar inte efter sitt liv, men den som hör på tillrättavisning, han förvärvar förstånd. Ords. 15:32

Vi lever nu i en tid som är dominerad av egoistiskt välmående och bekvämligt överflöd. Vi är bekanta med benämningen överflödssamhälle och denna livsstil är praktiserad i hela vårt samhälle även av oss kristna.

När vi nu blir medvetna om dessa bibelställen som varnar oss för denna form av livsstil, kan vi tänka att det inte gäller oss, och förbli opåverkade. Vi kanske blir förvånade över det allvarliga som Guds ord belyser i detta ämne, och en del av oss reagerar skarpt som i sin tur leder oss att dra förhastade slutsatser. Det kan även leda oss till asketism eller legalitet.

Hur kan detta ske?

Den här tendensen ligger i vårt undermedvetna, väntande för den rätta situationen. Resultatet manifesterar sig i regel i nitälskan och en stolt överlägsenhet, en sorts gudsfruktan och en falsk helighet. Ofta finns den i oss människor, mest män, som har en hel del bibelkunskap, jämfört med de ordinära. Den här tendensen, attityden är redo att dirigera oss och manifestera sig själv att lyfta fram och demonstrera vår rättfärdighet, med självförsvar och urskuld. Det är detta som fariséerna och de skriftlärda ofta gjorde sig skyldiga till och som Jesus pekade på i deras levnadssätt. Metodisternas grundare John Wesley uttalade sig i detta ämne: "En del har överdrivit och upphöjt religiöst fastande, bortom all skriftens mening och syfte, andra däremot har totalt likgiltigt ignorerat det."

Den pågående livsstil som karakteriserar människorna runt omkring oss och som uppmuntrar oss att värna och tillfredställa vårt köttsliga begär, när vi istället skulle vara måttfulla och balanserade, som vår lärare Jesus. Vi som tillhör Jesus skall inte vara influerade av människorna omkring oss, för vi är ju en ny skapelse och finner glädje i helt andra värderingar, som ju skall reflektera det sätt som vi lever och beter oss på. Att glädjas och ha trevligt tillsammans, kalla det fest, har ju naturligtvis sin givna plats precis som fastande och bön har sin givna plats. För oss kristna att glädjas och ha trevligt är inte samma sak som när icke kristna gör det. Vi skall kunna dra en klar och uppriktig linje, och inte uppträda som de. Det är direkt omöjligt att uppträda, skratta och glädja sig åt samma tvetydiga skämt, för då är vi inte oss själva. Vi får inte glömma att vi är en ny skapelse. Om vi gör det för att passa in är vi inte fria längre, vi gör det för att behaga deras sätt, det är att bli vän med världen.

Det är egentligen ingenting som väsentligen är fel i den mänskliga kroppen, därför att Gud vår Fader är vår skapare, inklusive vår aptit och våra begär. Det är ingenting som är av ondo i en hungrig mans begär efter ett mål mat, eller en kvinnas längtan efter barn och hem.

Den helige Ande lär oss inte att motarbeta våra naturliga instinkter, men att vi skall vara i kontroll av dem, och inte tvärtom.

Gud tycker om att se oss glada, Han blir hedrad och gläds med oss när vi har kontroll och harmoni i Guds tempel vår kropp.

Vår fysiska kropp skall inte vara rotlöst undertryckt men bestämt disciplinerad och underordnad vår andliga kropp. Det betyder att jag disciplinerar min kropp och förmår den att lyda. Detta är biblisk andlighet och sunt förnuft.

Att vi generellt skall vara ödmjuka och vänliga i vår hållning, men när det kommer till vår kropp måsta vi vara bestämda och principfasta, även tuffa.

Återigen,om inte vår ande har kontrollen när det kommer till vår kropp och själ, speciellt på det här området som har med mat att göra, vad eller vilket är det som har kontrollen, för det kan ju inte bara vara slumpen? Jag verkligen uppmuntrar dig att svara på den frågan. Svaret kan bli avslöjande och hjälpa dig att fatta beslut som är frammanade av den helige Ande.

Ty Guds rike är inte mat och dryck utan rättfärdighet och frid och glädje i den helige Anden. Den som tjänar Kristus på det sättet behagar Gud och blir uppskattad av människor. Rom. 14:17-18

Det finns en bra liknelse mellan, att om vi älskar vår kropp så vårdar och disciplinerar vi den. Och om vi älskar våra barn så agar vi dem,

Ingen har någonsin hatat sin egen kropp utan man ger den näring, och vårdar den, så som Kristus gör med församlingen, eftersom vi är lemmar i Hans kropp. Ef. 5:29-30

Oförstånd vidlåder barnets hjärta, fostrans ris driver bort det. Ords. 22:15

Vänj den unge vid den väg han bör vandra, så viker han ej av från den när han blir gammal. Ords. 22:6

Varning för att Leva i Köttet

Apostel Paulus är övertygande när han skriver att vi skall följa hans exempel och vara uppmärksamma på människor som vandrar den vägen och att det skall vara vårt livsmönster, förebild föredöme och beteendemönster också. Det verkar ju onekligen lättare när någon i vår omedelbara närhet säger: "Se på hur jag lever och gör likadant." Det ger oss en försäkran om at det inte är så svårt. "Kan han så kan jag." Samtidigt som det är ett föredöme är det ett stöd.

Ta mig till föredöme allesammans, och se på dem som lever efter det exempel vi har gett er. Fil. 3:17

Jag ber er: ta mig till föredöme. 1 Kor. 4:16

Ha mig till föredöme liksom jag har Kristus till föredöme.
1 Kor. 11:1

I vår strävan att lära oss regelbunden, praktisk helgelseaktivitet genom fasta, är det ganska lätt att helt enkelt bara imitera Paulus, för enligt honom själv var det en ständigt återkommande praxis i hans liv.

Vi är medvetna om att det är tillfällen när vi tenderar att bli för mycket engagerade i köttet och i denna världs aktiviteter, även så långt att våra värderingar blir oklara och förlorar sin fokus. Känner du igen dig?

Inte . . . men du vet exakt vad jag beskriver, jag visste väl det. Det är faktiskt mer allvarligt än vi tror, när vår gudstjänst blir till en hobby eller någonting som man gör för att man alltid gjort det mer som en vanesak. Gnistan är inte där längre det finns ingen effekt i din vardag. Din livsstil och dina levnadsvanor är mest som dom var igår. Det bara går sin gilla gång.

Många – jag har ofta sagt det och säger det nu med tårar – är fiender till Kristi kors, de är på väg till förtappelsen, De har buken till sin gud och sätter sin ära i det som är deras skam, dessa som bara tänker på det jordiska. Fil. 3:18-19

Låt oss erinra oss om att detta är skrivet till troende, men vår reaktion blir: "Detta gäller inte mig, jag är inte fiende till Kristi kors." Jag förstår dig, detta är kraftfulla ord, men om du uppmärksammar den här tendensen i ditt liv, om du erkänner den så är det uppenbart att du måste lyssna till denna varning. *"De är på väg till förtappelsen."*

Vi kanske har svårt att förstå den här beskrivningen, att vår aptit är vår Gud och att vi tänker på det jordiska för mycket och sätter en ära i hur vi lever. Faktum kvarstår ju att vår attityd och levnadssätt talar sitt tydliga språk, eller hur?

Gudsordet är skarpare än ett tveeggat svärd det tränger igenom . . . och är en domare över hjärtats uppsåt och tankar. Hebr. 4:12

Den som offrar lovets offer, han ärar mig, och den som ger akt på sin väg, honom skall jag låta se Guds frälsning. Ps. 50:23

I direkt motsats till förtappelse, försäkrar Gud belöning genom enorma välsignelser till dem som sätter Honom först. Likväl och särskilt området som gäller hängiven överlåtelse genom fasta, där en särskild belöning utlovas.

Visserligen skriver Aposteln Paulus om omskärelse i detta avsnitt som jag citerar här nedan, men det är principen som jag åsyftar. Han skriver: *Det som verkligen betyder något är en ny skapelse. Frid och barmhärtighet över dem som följer denna regel, ja, över Guds Israel.* Om det gäller omskärelse, vuxendop, tiondeoffer, fasta, diakontjänst eller söndagsskollärare, spelar ingen roll. Vad som verkligen betyder något är en ny skapelse, en helt annorlunda livsinriktning.

När vi älskar Honom och lydigt inrättar våra liv enligt vår himmelska Faders vilja, då är det inget annat som har betydelse. Det är alltså vårt förhållande vår kärlek till Honom som sätter prägeln i vilken situation det än gäller. Vårt sätt att leva och underordna oss Hans principer och att hängivet överlåta oss till regelbunden rationell gudstjänst genom fasta och bön är beviset på vår kärlek och som behagar Honom i samstämmighet med Hans viljas väg.

De som behärskas av sin syndiga natur får sin livsinriktning bestämd av den, och de som behärskas av Anden får sin livsinriktning bestämd av Anden. Det som den syndiga naturen trår efter leder till död, men det som Anden trår efter leder till liv och frid. Rom. 8:5-6.

De som behärskas av sin syndiga natur kan omöjligen behaga Gud. Rom. 8:8

Om ni lever efter den, <u>kommer ni att dö</u>. Men om ni med Andens
hjälp dödar kroppens gärningar, kommer ni att leva. Alla de som
låter sig drivas av Guds Ande, <u>de är Guds barn</u>. Rom. 8:13-14

Detta visar ju verkligen hur allvarligt det är, vad som vi tillåter våra sinnen leda oss till, det kan sakta leda oss till döden. Det finns ingen sorts fasta som kan leda oss ur den situationen som vi just blivit varnade för. Om vi med Andens hjälp hängivet underordnar oss ordets tilltal och korsfäster köttet genom regelbunden överlåtelse till fasta och bön, så är vi på rätt väg.

Den som ej vill veta av tuktan frågar icke efter sitt liv,
men den som hör på tillrättavisning, han förvärver förstånd.
Ords. 15:32

Oavsett vad vi gör, när vår prioritet inte står i samstämmighet med Ordet, blir det inte heligt i Guds ögon, därför att vi blir förorenade genom den synd som är förorsakad av markant negligerande olydighet och missar alltså målet. Nu kan vi med glädje förstå hur Guds tempel vår kropp ande och själ skall behärksas, enligt Hans vägledning. Skriften är entydig på detta område och kräver helgelse, lydigt underordnande, hängiven överlåtelse och köttets korsfästelse, så att vi blir renade och rättfärdiggjorda dagligen.

Femte Delen

Hur Vi Skall Fasta?

Vi skall helt enkelt fasta på det sättet som Jesus en gång för alla lärt oss.

När ni fastar, se då inte dystra ut som hycklarna, som vanställer sitt utseende för att människorna skall se att de fastar. Sannerligen,de har redan fått ut sin lön. Nej, när du fastar, smörj in ditt hår och tvätta ditt ansikte, så att inte människorna ser att du fastar, utan bara din fader i det fördolda. Då skall din fader, som ser i det fördolda, belöna dig. Matt. 6:16-18

När Jesus undervisar säger Han: "så att inte människorna ser att du fastar."

Det betyder att du skall bete dig som på vilken annan dag som helst. Du går till ditt arbete som vanligt eller vad det nu är som du är sysselsatt med och följer de vanliga rutinerna, för då ser inte människor på dig att du fastar. Detta gäller även om din sysselsättning kräver hårt kroppsarbete eller stark koncentration.

Min erfarenhet är att de första två veckorna av en fasta påverkar inte min prestationsförmåga alls. Faktum är att min energi ökar. Förklaringen är ganska logisk, eftersom matsmältningsprocessen kräver mest energi och när jag inte längre behöver den energin kan jag använda den för andra aktiviteter. Du har säkert märkt att efter ett stort mål mat så känner du dig lite slö, p.g.a. av att kroppen kräver all energi för att smälta maten. Det är ett vanligt fenomen och vi är skapade sådana. En annan effekt är att man blir lätt frusen det har också att göra med att matsmältningen som i regel utvecklar energi och därför värmer kroppen. Så det gäller att kompensera detta med att hålla värmen på annat sätt.

Människorna i din närmaste omgivning märker naturligtvis att du inte äter som vanligt. För den kristne är det ju lätt att förklara, men för andra människor blir det annorlunda. Allra helst om de är medvetna om att du är en kristen och helt plötsligt börjar fasta. Utan att skryta eller på annat sätt bravera med ditt tilltag att fasta, kan du nu få oanade möjligheter att vittna. Kom ihåg att Jesus undervisar om: "det som sker i det fördolda" i hemlighet med andra ord. Vi skall inte utsätta människor för att bli påverkade av vårt fastande genom att vi förväntar oss att de skall visa hänsyn till oss. Naturligtvis skall det vara tvärtom vi skall nu bli mer hänsynsfulla och välja vårt beteende så att det ärar vår Fader. Människor blir påverkade av vårt fastande, oavsett om de vet om att vi fastar eller inte.

Om det kommer på din lott att laga mat eller på annat sätt att vara engagerad i mathantering, tillåt inte detta att hindra dig, så att du måste vara ledig från din syssla på grund av ditt fastande. När vi har börjat rätt med att förnya vårt sinne, så är mat inte ett problem. Det kanske tar lite tid innan du har tränat ditt sinne, men var uthållig i din övning inte enbart dagen för fastandet, utan dagligen. Vi får absolut inte skapa en situation av medlidande utan tvärtom, vi gör ju det rätta, faktum är ju att det är en tillgång, att bli mer lik Jesus.

Var och en som har detta hopp till honom renar sig själv liksom han är ren. Mina barn, låt ingen föra er vilse. Den som gör det rätta är rättfärdig, liksom Kristus är rättfärdig. 1 Joh. 3:3, 7

Familjerelationer och sexliv

Det är viktigt att de närmaste familjemedlemmarna får veta dina planer, speciellt din partner, när det kommer till just de dagar du har bestämt dig för att fasta. Det är inte möjligt att hålla det hemligt för dem, och det är inte meningen heller. Det är att skapa ohållbara situationer, istället skall man planera tillsammans de bästa dagarna så att det inte blir missförstånd och anledning för fienden att agera. Man planerar ju allt annat så varför inte planera detta också. Vi skall agera mer flexibelt och omtänksamt med tanke på att vi blir mer överlåtna till Kristus. Större andlighet ger större förståelse.

Det är ju lika lätt att bestämma tid för fasta och bön som vilket annat engagemang i våra liv, nu när vår prioritet är i linje med Ordet. Låt oss verkligen vinnlägga oss om att göra praktisk helgelseaktivitet till vårt livsmönster och en obligatorisk självklar andlig gudstjänst, precis som Ordet lär oss.

Håll er inte ifrån varandra annat än för en tid, om ni har enats om det för att ostört kunna ägna er åt bön (och fasta) och sedan vara tillsammans igen. Annars kan Satan fresta er, eftersom ni inte förmår leva avhållsamt
1 Kor. 7:5 (Parentesen enligt King James översättning)

Denna bibelvers gör det verkligt klart att när det kommer till sex i äktenskapet, så är det tid för avhållsamhet efter överenskommelse för att tillbringa en tid i bön och fasta. Det här kanske är något som du inte reflekterat över tidigare. Det är egentligen inte något dramatiskt eller överreligiöst med vad vi gör, utan något som verkligen hör till vårt sätt att vara när vi agerar som andligt mogna troende, som har kontroll över våra kroppar i vilket område det än gäller. Om vi inte är i kontroll är det något eller någon annan som är i kontroll. Låt oss bli görare av Ordet även om det betyder en radikal omvärdering av våra vanor.

Skillnaden blir ju följaktligen att det som vi tycker är naturligt, det tycker de otroende är onaturligt. Därför är det upp till oss att renodla vårt sätt att tänka och handla så att vi inte blir underkända. Låt oss läsa igen aposteln Paulus tillvägagångssätt:

Jag löper med målet klart i sikte, jag liknar en knytnävskämpe, som med sina slag träffar motståndaren . Slagen riktas mot min egen kropp. jag gör den till min lydiga tjänare,för att jag ,som har predikat för andra, inte själv skall bli underkänd vid provet.
1 Kor. 9:26-27

Jag har erfarit att en andligt mogen människa inte handlar orationellt, utan i linje med övervägt handlande. Det är därför som detta förslag är så värdefullt:

"Låt aldrig dina känslor, din kropp, eller dina fem sinnen din själ bestämma när du skall börja och sluta en fasteperiod".

Var noga med tiden. Bestäm klockslaget, för det kommer att bespara dig en hel del onödig kamp. Bara håll dig till det du bestämt. Min erfarenhet är att när jag har satt ut en bestämd tid för att börja och sluta så ställer kroppen automatiskt in sig på detta och mina hungerkänslor blir inte så markanta. Vi är skapade för att vår ande skall vara i kontroll och det åstadkommer harmoni och frid i Hans tempel, vår kropp. Förutsatt att vår ande är ledd av den helige Ande.

Praktisk helgelseaktivitet genom tillgiven överlåtelse och hängivet underordnande i form av fasta och bön förbereder dig att bli utrustad och skickad att kunna leva i samstämmighet med gudsordet på ett ödmjukt och lydigt sätt, tack vare den helige Andens ledning. Att ständigt leva i förändring, förnyelse och förvandling, det är helgelse och kan bli till en livsstil.

Tyvärr händer det inte av sig själv, det måste planeras, vilket leder till rationell andlighet. Inte bara tidvis utan så att hela vår livsstil blir så präglad att vi blir annorlunda och helgade. Enligt Ordet lik vår Herre och lärare som är vårt mönster.

Försök att komma ihåg den här regeln att aldrig låta dina känslor, din kropp eller dina fem sinnen din själ bestämma när du skall börja eller avsluta en fasteperiod. Om det är en dag eller en vecka spelar ingen roll, gör det till en princip.

Sedan kommer fastedagar som är fastställda av församlingen eller vissa andra uppkomna situationer som du inte har kontroll över. Men du bestämmer fortfarande utifrån din erfarenhet och andliga mognad när du skall börja och sluta. Låt oss bli görare av Ordet på ett genomgripande sätt.

Som Jesus uttryckte det:

Min mat är att göra Guds Vilja. Joh. 4:32

När Man INTE Skall Fasta

Om du har någon form av sjukdom, och äter medicin, om du är gravid eller ammar, så rekommenderar jag att inte fasta innan du först talat med en doktor. Helst någon som är väl förtrogen med fasta. Men låt inte en vanlig förkylning eller influensa hindra dig från att fasta regelbundet.

Faktum är att det finns undersökningar och studier som fastställer att fasta stärker kroppens läkande när det kommer till vissa sjukdomar. Det finns många vittnesbörd hur människor blivit helade från allvarliga sjukdomar som cancer och diabetes genom bön och fasta.

Jag bar sorgdräkt när de var sjuka, jag späkte min själ med fasta, jag bad med nedsänkt huvud. Ps. 35:13

En vuxen person äter 7,5 hg dödligt gift årligen, Dessutom är det välbekant med nödvändigheten av att kroppen behöver avgiftas. Jag nämner detta som uppgifter som är bra att veta men som inte skall vara anledning för vårt handlande.

Gud har bara goda avsikter för oss och vårt sätt att leva och må bra. Den enda anledningen vi skall respondera med fasta, är när Gud i sitt ord uppmanar oss genom tillgiven överlåtelse och hängivet underordnande, vilket betyder att regelbundet överlämna våra kroppar som ett levande och heligt offer. Detta är vår andliga gudstjänst. Oavsett våra motsägande åsikter, tankebyggnader, synpunkter och argument har detta att göra med gudomligt leverne.

Låt aldrig dina känslor, din kropp, dina fem sinnen eller din själ, bestämma när du skall börja eller avsluta en fasta.

Denna typ av helgelseaktivitet förbereder dig att bli utrustad och skickad att kunna leva i samstämmighet med ordet på ett ödmjukt och lydigt sätt genom den helige Andens ledning. Att ständigt leva i förändring och förnyelse enligt Guds ord förvandlar och helgar dig.

"Jag späkte min själ med fasta, jag bad med nedsänkt huvud."
I King James översättning läser vi *"jag ödmjukade min själ med fasta." Ps. 35:13*

Igen så upprepar jag den här varningen och rekommendationen att inte fasta när du tar mediciner, är gravid eller ammar.I övrigt kan inte fasta skada dig utan tvärtom, det gör dig bara gott. För att inte nämna när du engagerar dig för andras bästa, då gör det dem gott.

Hur Ofta Skall Vi Fasta?

Gör bibeln klart för oss hur exakt många dagar vi skall fasta varje vecka? På Jesus tid talar Bibeln om att det var människor som fastade två gånger i veckan Luk. 18:12. Den första kristna församlingens medlemmar fastade två gånger i veckan. Jag tycker tisdag och fredag fungerar bra för mig, men varierar ibland dagarna beroende på situationer som kommer upp men alltid två dagar. Detta har ingenting att göra med att jag tolkar det på mitt sätt.

Den här frågan har en direkt relation till varför jag fastar och om jag gör det efter hjärtats övertygelse att bli rustad och skickad genom gudsordet. Om vi rannsakar och tänker till på den faktiska bakgrunden till vår överlåtelse, så grundar den sig inte på några särskilda bestämmelser som vi måste prestera eller demonstrera. Att var troende är ett liv som styrs av den helige Ande.

Det är ju våra hjärtans hängivenhet till Honom, vår kärlek till Jesus Kristus att vara Honom till lags som är grunden för allt vårt handlande och således även fasta. Resultatet av vår överlåtelse, tar sitt uttryck i olika former, men ingen form kan ersätta bönen och fastan. Det finns heller ingen ersättning för att korsfästa köttet än genom fasta och vi vet att köttet ständigt arbetar på att förgöra vår själ och skapa avstånd till Gud.

Så kan *"någon"* sätta en gräns, eller bestämma hur många dagar i veckan man behöver för att bevisa sin hängivna överlåtelse genom fasta och bön. Eller när står detta i vägen för min strävan att bygga upp varaktig tro genom gudomligt leverne.

Detta är kärleken till Gud: att vi håller hans bud. Och Hans bud är inte tunga. Ty allt som är fött av Gud besegrar världen, och detta är den seger som har besegrat världen: vår tro.
1 Joh. 5:3-4

Du måste väl hålla med mig om att överskriftens fråga har en direkt relation till varför vi engagerar oss överhuvudtaget, och ju mer engagemang ju mer tid tar det i anspråk i våra liv. Om vi nu räknar med att ditt argument är att du inte har tid att fasta regelbundet 1-3 dagar i veckan, så måste jag positivt och uppbyggligt svara dig att det argumentet inte håller. Fasta är ett engagemang som inte tar någon tid eller annat engagemang ifrån dig, utom ätandet. Detta är ett levnadsmönster som är gudomligt, gott och fullkomligt. Det förvånar mig inte om din längtan att lydigt få underordna dig denna livsstil nu tar form i ditt sinne på allvar.

Jesus sade: "Min mat är att göra dens vilja, som har sänt mig, att fullborda Hans verk" och vi skall ju efterlikna Hans livsstil eller bli som Han.

När vi uthålligt disciplinerar oss genom hängiven överlåtelse av fasta o bön som en del av vår livsstil, förankras vår position i andevärlden märkbart. När Gud utlovar en belöning, så berör det hela vår varelse, ande, kropp och själ, jag kan verkligen vittna om detta.

Är det Möjligt att Må Bra när Man Fastar?

Svaret på den frågan är utan någon som helst tvekan, absolut ja. Genom många års positiva erfarenheter kan jag uppriktigt besvara denna fråga, även om tiden att nå dit varierar, därför att vi är olika, men resultatet är det samma, man mår utmärkt. När du väl nått dit så lämnar det dig aldrig, förutsatt att du regelbundet fortsätter, men man fastar inte för att må bra.

"Om man mår bra när man fastar, då är det väl inget offer? Då försakar man mat till ingen nytta."

Dessa tankar är fel och helt obibliska. Vi skall frambära våra kroppar som ett levande och heligt offer, som behagar Gud. Man behagar ju inte Gud med att må dåligt. Anledningen till att vi mår dåligt, finner vi i regel i vårt sätt att leva.

Fasta i sig själv tar inte bort någon förmåga att glädjas eller att vara ledsen, vi bestämmer inriktningen, inte det vi gör. Det är lättare att förstå att det inte är några omständigheter eller människor som skall påverka min strävan att bli mer lik Honom min Herre Jesus Kristus. Det är min tro på Honom som är avgörande. Vi kan inta vilken stämning vi vill, precis som när vi inte fastar, som Jesus gjorde gällande: *"så att människor inte ser att du fastar eller se inte dystra ut som hycklarna."* Det är det som gäller. Bakom denna enorma tillgång ligger den sanna verkligheten som Han har berett för oss som tror, som ödmjukt och lydigt underordnar oss Hans lära.

Min erfarenhet säger att det är lättare att genomföra sin fasteperiod om man bestämt en tid att börja och en tid att sluta. Jag upplever också att kroppen automatiskt ställer in sig på detta och hunger-känslorna uteblir. Detta gäller såväl min regelbundna tvådagarsfasta som längre perioder. Det fungerar lika dant och känns enbart utmärkt bra.

Så säger Herren Sebaot: Fastedagarna i fjärde, femte, sjunde,
och tionde månaden skola för Juda hus bliva till fröjd och glädje
och till sköna högtider. Men älska sanningen och frid.
Sakarja 8:19

Vi kan inte bli påminda för ofta om att överlåtelse genom fasta inte är målet. Det är bara vägen till en fullkomlig livsstil och att den livsstilen inte skadar oss på något sätt, utan det motsatta är sanningen. Oavsett vad människors inställning är, så är hängiven överlåtelse genom fasta och bön ett gudomligt sätt att leva som fostrar oss till lydnad. Det är inget enormt offer, utan tillhör vår regelbundna, andliga och normala gudstjänst.

Att sporadiskt ägna sig åt att korsfästa köttet, leder knappast till ett bestående livsmönster. Det är fråga om en livsstil som präglar och gör att vi blir annorlunda och helgade, att vi blir lik vår herre och mästare Jesus Kristus Gud som är vår mönsterbild. Detta är inte något som du prövar på och sedan är det gjort, detta hör till ditt nya liv den nyskapade människan.

Vad är det som Bestämmer Tiden för Fastan?

Om du aldrig brukat dig av den här formen för din andliga gudstjänst på ett regelbundet sätt, så börja inte i din iver att övergöra det. Låt dig istället övertygas inifrån, genom sinnets förnyelse. När du handlar, bestäm dig för att det är ett nytt liv du börjar. Börja med en dag i veckan och efter ett år går du över till två dagar eller om du föredrar 3-4 dar i ett sträck varannan vecka. Huvudsaken är att det blir regelbundet. Fortsätt att planera ditt liv efter din nyfunna kunskap. Du är befriad i din överlåtelsekraft så att din livsstil tillåter dig till längre perioder från 3 dagar till 40 dagar, två gånger om året. Det är din andliga inriktning som ska leda dig, genom Ordet, och naturligtvis din församlings-herde-ledare som utlyser gemensamma fastor med bön.

Det regelbundna mönstret är självskrivet eftersom vi regelbundet är utsatta för köttets påfrestningar. Låt dig inte luras av inställningen att om du en gång har lärt dig att fasta, så kan du bestämma att göra det när något viktigt ändamål kräver det. Jag kan förvissa dig om att den inställningen är grundad i köttet.

Gå och samla alla judarna i Susan och håll fasta för mig. Ni skall inte äta eller dricka något under tre dygn, varken dag eller natt, Jag och mina tjänarinnor skall också fasta på samma sä.
Ester 4:16

Detta bibelställe visar oss en speciellt angelägen intensiv fasta, där man varken åt eller drack, vilket menas ingen fast eller flytande föda, inte ens vatten, under en period av tre dagar och nätter. Den här fastan var påkallad att åstadkomma något i en desperat situation, märk väl att det är en gemensam aktion, för ett gemensamt mål. Som vi kan fortsätta att läsa, blev det ju en härlig seger för Ester personligen och Judarna som folk.

Min erfarenhet av att fasta utan vatten är att det är mycket lättare. Men man skall följa denna begränsning av tre dagar utan vatten.

Bibeln beskriver andra fastor som varade mer än en dag:

Och de tog deras ben och begravde dem under tamarisken i Jabech. Sedan fastade de i sju dagar. 1 Sam. 31:13

Jag sörjde i flera dagar och fastade och bad inför himmelens Gud
Nehemja 1:4

Under tre dagar såg han ingenting, och han varken åt eller drack
Apg. 9:9

Så har vi Moses, Elias och Jesus 40-dagars fasta, som visar att det är det mesta som man skall fasta. Vårt andliga liv som kristna, måste vara förankrat genom vår andliga förmögenhet, våra tillgångar i Jesus Kristus. Som Paul beskriver i Romarbrevet att vårt handlande inte bestämmer vår välsignelse, utan vår välsignelse bestämmer vårt handlande.

Ni var döda genom era överträdelser och synder den gång ni levde i dem på denna tidens och världens vis och lät er ledas av fursten över luftens rike, över den andemakt som nu är verksam i olydnadens människor. Sådana var vi alla en gång, då vi följde våra mänskliga begär och handlade som kroppen och våra egna tankar ville, och av födseln var vi vredens barn, vi som de andra.

Ef. 2:1-3

Vi är inte som de andra längre, vi är annorlunda, vi är en ny skapelse. Vi skall inte längre tillfredställa våra mänskliga begär och handla efter vårat gamla sinne. Vår tid skall tillbringas på ett helt annat sätt än människorna av den här världen, människor som inte har Jesus som Herre. Vi är annorlunda därför att vi lever under nåden och inte under vreden. Guds nåd disciplinerar oss i förhållande till Gud, till våra medmänniskor och till oss själva. Därför kräver Guds nåd ett liv i självförsakelse. Guds nåd sätter oss också i stånd att leva ett gudfruktigt liv, som i sig själv är en ständig tillrättavisning av världen och dess syndighet.

Vi är kallade att leva kraftfullt och segervissa och i full kontroll av vår kropp, vilken är Guds tempel. Vår attityd och vårt handlande och vår livsstil uppenbarar vår tro. En uppriktig äkta tro frammanar varaktiga ändringar i vårat sätt att leva och verka, vår karaktär förvandlas till att bli lik Honom.

Avsaknad av förändring är symtomen av en död tro eller vi kan vända på det och säga att en tro som inte frammanar någon ändring är inte en frälsande tro. Vi kan ställa oss frågan, när var det som min tro förorsakade mig att ändra mitt leverne? När var det sist som jag ändrade mitt sätt att tänka som faktiskt föranledde mig att agera annorlunda?

Martin Luther uttalade sig om fasta på ett lättfattligt och tydligt sätt: "Man skall inte fasta för att därigenom göra en god gärning utan endast och jag upprepar enbart för att man skall bli rustad och skickad till att leva i enlighet med Guds ord."

När praktisk helgelseaktivitet genom vårt sinnes förnyelse resulterar i regelbunden bön och fasta och blir del av vårt livsmönster på ett ständigt återkommande sätt, blir det mer ett beteende än en livsåskådning. Logisk, förståndig, rationell, och sund hängiven överlåtelse. Lita på mig, jag har upplevt vad detta betyder och förstår verkligen vad apostel Paul skriver

"Jag vågar inte tala om något annat än det som Kristus har utfört i mig i enlighet med Hans ord." Rom. 15:18

Lydnad är inte förhandlingsbart. Praktisk helgelseaktivitet genom fasta och bön är lydnad. Den som inte lyder Sonen skall inte se livet.

Goda råd

Lär dig att dricka vatten, speciellt om du aldrig fastat förut. Börja med att dricka mycket vatten, gör det till en vana. Det är bra att dricka mycket vatten överhuvudtaget, även om du inte planerar att fasta, minst 2 liter om dagen. När du fastar mer än tre dagar eller mer föreslår jag minst 4 liter om dagen, detta som en god rekommendation, det är ingen regel. När du dricker vatten under fasteperioden, är det en fördel om det är varmt vatten, för det betyder att du inte ödslar med kroppens energi för att värma upp vattnet. Faktiskt så har varmt vatten större förmåga att stilla hungerkänslorna. Håll koll på hur mycket vatten du dricker. Jag har upplevt att om jag använder några droppar citronjuice för att vattnet skall smaka bättre, så håller det min hungerskänsla levande, så det är ingen bra ide alls. Vattnet skall vara av bra kvalitet, om du är osäker, koka det i så fall, det sägs att det bästa är destillerat vatten.

Om du aldrig fastat förut, vill jag ge dig några rekommendationer som är hämtade från Bibeln, plus en del annan information som finns i detta ämne. Det mesta grundar sig på min egen erfarenhet, av regelbunden fasta varje vecka plus en del längre perioder ungefär två gånger per år sedan 1986.

När du förbereder dig för att börja detta ditt nya liv, välj ut en dag att börja din fasta i den kommande veckan till exempel efter middagsmålet kl. 18.00, på tisdag. Om du har valt att fasta för 40 timmar så menas det att du bryter din fasta andra dagen kl. 10.00 på torsdagförmiddag. Senare skall jag förklara hur man bryter fastan. Som jag har skrivit om tidigare, glöm inte att kontakta en läkare (det bästa är om han förstår vad fasta är) om du har någon form av sjukdom och äter medicin, är havande eller ammar.

När du bestämmer dig för att fasta 24 timmar, är det vanligt att folk blir väldigt kreativa att hitta utvägar att kunna äta så mycket som möjligt. Om jag t ex börjar min fasta efter middagsmålet kl. 18.00 den ena dagen, och fastar 24 timmar till kl. 18.00 den andra dagen, så kan jag ju äta middag igen kl.18.30 dagen därpå. På det viset missar jag inte middagsmålet någon dag. Det finns många varianter, en del människor kan hejdlöst äta sig mer än mätta efter fastan, men kom ihåg att då har du blivit förförd av ditt kött, och frestelserna har tagit över. Du är alltså kvar i ditt gamla synsätt. Lär dig att äta normalt och på de vanliga tiderna för din måltid, absolut inte något extra mål. Disciplin har med träning att göra.

Den som älskar instruktion och tillrättavisning, älskar kunskap, men den som ogillar eller hatar disciplin förblir oförnuftig.
Ords. 12:1

När du fastar för en längre period, som 5 dagar eller mer, så rekommenderar jag att ta ett milt gärna naturligt laxermedel dagen innan du påbörjar fastan för att rensa ut tarmen. Detta för att främja den reningsprocess som hela kroppen går igenom. Tarmen är en hopvecklad slang som är 7,5 meter lång och normalt tar det längre än 24 timmar att tömma den. Däremot skall laxermedel absolut inte användas, när man börjat fastan.

Under en kortare fasta, 1-3 dagar, är det viktigt att fortsätta att sköta tömning av tarmen på de vanliga tiderna som du normalt brukar göra det. Magen slutar inte att fungera därför att vi slutar att stoppa i den mat. Faktum är att den gör en hel del gott, som annars inte ges tillfälle för.

Avvänjning

Du dricker kanske kaffe, teer, coca-cola eller anda drycker som innehåller det vanebildande giftet koffein, eller kanske äter du sötsaker ofta som choklad, som faktiskt innehåller cannabinolds från cannabis, visserligen små mängder, men som är den aktiva ingridensen i marijuana. Detta kan skapa avvänjningsproblem såsom huvudvärk, yrsel, illamående och magont och detta gör sig alltså gällande när vi börjar en fasta. Det är inte djävulen som går till attack, utan vi drabbas av alla de gifter som vi tillfört kroppen under en lång tid. Vi är ju medvetna om att det finns olika former av gifter i maten, som ligger utanför vår kontroll. Som sagt äter en vuxen människa 7,5 hg. av dödligt gift årligen. Dock i små mängder som vår kropp handskas med individuellt på olika sätt.

Eftersom vi är så individuellt olika, med olika matvanor och begär så varierar dessa symptom, och du kanske inte har några som helst problem. Vad som inträffar är att vår kropp reagerar när den inte får som den brukar. Den vill fortsätta att ha herravälde och opponerar sig automatiskt och vi är funtade på detta sätt. Så när dessa problem tar sin början sätts din överlåtelse och dina löften att hängivet lyda din ande på prov. Då väcks all den upproriskhet och de otrostankar som köttet i dig kan åstadkomma för att stoppa Andens verk. Kom ihåg att kampen står i ditt sinne och inte i din mage och dina känslor. Någon har sagt "att korsfästa köttet är en kamp, men att korsfästa giftigt kött är en dubbel kamp."

Innan vi lämnar detta ämne vill jag berätta för dig om den oerhörda skada som kaffet har åstadkommit när människor skall börja fasta. Det är ett gissel som helt enkelt har stoppat en del fina kristna människor från att följa Jesus när det kommer till att offra sin kropp som ett levande och heligt offer genom fasta. Man kan tycka att detta inte är så viktigt och inte värt att skriva om, men om jag inte hade sett hur detta gift har människor i sitt våld skulle jag hålla med. När

93

det hindrar troende att utöva sin tro, är det min skyldighet att påtala följderna, utan att fördenskull vara dömande på något sätt.

Det är verkligen så allvarligt att jag påstår att detta gift är en avgud som styr människors liv på samma sätt som alkohol, nikotin och andra droger. Vi måste medge att det skapar beroende, och är vanebildande, som alla droger.

I mina tidiga år som kristen fick jag ett tilltal från Gud, det var så klart att jag tyckte mig höra Hans röst "Jag vill att du skall sluta dricka kaffe Nils."

"Jaha det skall jag göra," svarade jag utan att fråga varför. Jag hade inget som helst problem med kaffedrickandet och jag drack inte speciellt mycket heller, men jag lydde och slutade omedelbart. Jag mådde inte dåligt förut och inte märkte jag någon större skillnad nu rent kroppsligt, men det fick andra följder i min omgivning. Jag förstår sammanhanget mellan fasta och detta gift och använder det när jag proklamerar fasta och bön. Vid tillfället tyckte jag att det enbart var ett tilltal som gällde mig personligen och att jag inte hade anledning at tro att någon annan skulle beröras av detta tilltal.

Efter några år fann jag mig i en situation när det inte gick att avböja och förklara, så av ren artighet drack jag en halv kopp kaffe. Den natten var min mage som en vulkan. Det bekräftade det oerhörda gift som kaffe verkligen är och efter den gången har det inte blivit någon mer gång. Jag är totalt frigjord.

Det är så viktigt att bygga upp styrka genom ordets övertygelse och att det kommer från din inre människa, att du verkligen är i Kristus och genom Honom förmår du allt genom den styrka Han ger dig. Så bygg en solid grund genom att förbereda dig förnuftsenligt andligen med full trosvisshet.

Var framför allt stark i din övertygelse och var uthållig i kampen om din själ. Vad som än händer, så kämpa vidare för den tiden du har bestämt och du kommer inte att dö. Om du tillåter köttet att vinna den första striden kommer det att bli så mycket svårare nästa gång. Kom ihåg att det kommer att bli bättre och bättre efterhand som du vinner och att avvänjningsplågorna kommer att försvinna. Kanske du inte har några problem alls, så vänta dig heller inga.

Det är bättre att vara tålmodig än stark, den som kan styra sitt sinne är bättre än den som kan inta en stad. Ords. 16:32

Förvänta dig ingen support för din överlåtelsehandling från någon, speciellt inte dina närmaste. Det kan istället bli opposition. Fienden kommer att använda många olika former, för att du skall misslyckas även om det bara är att skjuta upp din debut. Sök inte ens support från ledare, präster eller pastorer, det kan finnas undantag. Tråkigt nog måste jag säga detta på grund av den okunnighet som råder på detta område av fasta och bön. Följ mitt råd och låt den helige Ande leda dig hela vägen, förnya ditt sinne och förbli mer lik Honom, din Herre Jesus Kristus. Segern är vunnen på slagfältet i ditt sinne, höj ditt segerbaner.

Så måste alla som i Kristi Jesu kraft vill leva ett gudfruktigt liv lida förföljelse. 2 Tim. 3:12

Att tillgodogöra sig instruktioner och tuktan är vägen till livet. Men den som inte gör det, far vilse går fel.
Hämtat från Ords. 10:17

Även efter många år av regelbunden fasta kommer det ibland tankar som: "detta är ju inte nödvändigt, ingen behöver få veta om du hoppar över en vecka eller bryt din fasta tidigare än det som du bestämt. Detta gör dig inte bättre än någon annan, du gör det bara för den goda sakens skull. Du är ju inte ens en betydande person i guds arme eller en erkänd förkunnare."

Var kommer dessa tankar från? De ligger där och väntar på ett tillfälle.

Detta är fortfarande en kamp, ibland starkare ibland märks den inte alls, men som vi vet måste vi fortsätta hela vårt jordeliv med att kämpa för vår tro att bygga vår helgelse. Ju påtagligare mitt liv danas efter Hans vilja ju mer få jag uppleva. Vår karaktär är det enda vi får med oss till nästa liv.

Nej ikläd er Herren Jesus Kristus och ha inte en sådan omsorg om kroppen att begären väcks till liv. Rom. 13:14

Vanligtvis kommer du att upptäcka att dina hungerkänslor blir mest markanta vid den tid som du vanligtvis äter. Ett sätt att lätta upp den känslan är att dricka varmt vatten. Man kan även äta det som soppa med en sked. På det viset behöver man inte försumma att sitta till bords när den övriga familjen äter och att umgås som vanligt och vara trevlig.

Låt dig inte bli besatt eller behärskad vid tanken på god mat. Tala till din kropp i bestämda ordalag och använd dig av bibelord som styrker din övertygelse så att din lydnad blir en självskriven realitet.

Ta tid för bön och meditation och var lyhörd för Hans tilltal. Gör vägen jämn för dina steg. Hans ord är ett ljus på den väg du vandrar.

Det är förunderligt hur underbart detta liv gestaltar sig när vi har de rätta förberedelserna och när vi förlitar oss på Hans ledning och vår tillgivenhet. Då kan vi hänge oss i vår kärlek till Jesus i en andlig självklar gudstjänst. Att följa Jesus, Ordet är varken omöjligt eller svårt. Tro mig jag har upplevt detta. Även om du känner att du skulle ha gjort detta för länge sedan.

Ta inte till dig någon form av skuldkänslor eller fördömelse. Istället skall du tacksamt se dig själv som gynnad och ta till dig denna nåd av träning och skickliggörande som den helige Ande så omsorgsfullt berett för dig.

De som tillhör Kristus Jesus har korsfäst sitt kött med dess lidelser och begär. Om vi har liv genom Anden, låt oss då även följa Anden. Gal. 5:24-25

. . . Gud tuktar oss till vårt verkliga bästa, för att vi skall få del av hans helighet. För stunden tycks ingen tuktan vara till glädje utan till sorg, men för dem som fostrats genom tuktan ger den längre fram frid och rättfärdighet som frukt. Hebr. 12:10-11

Förutsättningen för att vandra i Anden är att man är född av Anden eller född på nytt som Jesus utrycker det och har blivit döpt av den helige Ande. Då är man också upptagen av det som hör Gud till. Utan andliga livsprinciper blir det inga andliga resultat. Livet i Anden ger uttryck för vårt uppförande allt det vi tänker, känner, önskar, talar och gör. Den helige Ande skall ha full kontroll över allt som har med oss själva att göra, vårt totala leverne. Där köttet får härska, där utsläcks och kuvas Anden, med andlig oduglighet som följd. Vi som drivs och leds av Anden lyder Gud med glädje.

Hur Kroppen Reagerar

Vid en längre fasteperiod, 15-40 dagar, så brukar man normalt gå igenom tre stadier. Det varierar hos olika individer och hur mycket var och en är observant på vad som händer i kroppen. De olika stadierna varierar i intensitet och tid och överlappar varandra.

Första stadiet: inträffar vanligtvis mellan tre till sex dagar. Den är karakteriserad av ett krävande begär för mat som naturligtvis är hungerskänslor. Ju längre man har praktiserat regelbunden fasta ju fortare går detta över. Beroende på hur mycket du har tränat ditt sinne, finner du dig själv stundtals hängiven åt tankar och drömmar av alla möjliga delikatesser och smaksensationer. Detta kommer att avta efter hand som du väljer att inte mer tänka i dessa banor utan att ditt förnyade sinne blir mer och mer överlåten på gudstjänst.

Andra stadiet: träder i kraft mellan 5-11 dagar. Det är en känsla av svaghet och även modlöshet, vilket har ett direkt samband med våra matvanor. En del människor behöver vila något. Det är inget ovanligt med det. Man talar till och med om yrsel och svimmningssymtom i vissa fall. Ett gradvis försvinnande av den här svaghet-känslan är en signal att kroppen har eliminerat de värsta avlagringar och gifter som ackumulerats i kroppen. Personligen har jag aldrig upplevt detta. Min energi bara ökar upp till 14 dagar och jag mår bara bra, men alla är vi så olika.

Tredje stadiet: träder i kraft vid 10: e dagen och framåt. Det här stadiet är naturligtvis det lättaste. Jag vill utrycka det som en vandring på moln, eller tala om att vandra i Anden. Med andra ord har alla problem och svårigheter nu lämnat kroppen, köttet har gett upp. Tankarna på mat har ingen substans längre och en känsla att man kan fortsätta hur länge som helst är genuin och äkta. Nu gäller det att hålla sig till den utsatta tiden och det i sig själv kan bli en prövning för det känns ju så bra.

Om man bestämt att fasta i 40 dagar, måste man absolut bryta fastan då. Efter 40 dagar kan en intensiv huvudvärk sätta in och det är signalen att all elemineringsprocess nu är defenetiv och att kroppen nu börjar förbruka levande celler, alltså början till utsvältning. Detta är svältklockan som klämtar och talar om att kroppen nu behöver näring, inte bara huvudvärk utan också en rejäl hungervärk, inte bara en känsla. Man kallar detta: "den kompletta fastan" eller en sann fasteprocess, då alla kroppens reserver är uttömda och svälten sätter in. Förutsatt att man endast har druckit vatten.

När vi tar fakta från Bibeln kan vi lita på att det är sant, som i det här fallet att 40 dagar är den längsta tiden att fasta i ett sträck.

Liksom den 8-dagars period, som Bibeln också specifikt talar om, från det en baby är född tills man gör omskärelsen. Numera är det vida känt att medicinska tester har bevisat att vitamin K och prothrombin som förorsakar blodet att coagulera är som högst på 8,e dagen.

Vi skall hålla i minnet att en normal frisk och välskött kropp inte kommer till skada eller blir undernärd för fastandets skull förutsatt det sker inom de ramar jag nämnt. Kroppen fortsätter att hämta näring från överflödigt fett och samtidigt fungerar som en invärtes förbränningsmotor, som förbränner och smälter avlagringar och döda vävnader som kroppen avstött. Kroppen slutar inte att fungera därför att vi slutar att äta, faktum är att den fortsätter att uträtta en hel del gott och nödvändigt, som befrämjar och renar vår alltiallo livskvalitet rent fysiskt. Att vi mår bra psykologiskt också hänger ju ihop därför att fasta har att göra med rening av både kropp och själ. Vår kropp är ett mästerverk, därför kan vi lita på vår Gud och Mästare när han lär oss hur att fasta och att det befrämjar oss nu och i evighet.

I början av vårt fastande bör vi sköta hygienen speciellt noga. Som sagt går vår kropp igenom en reningsprocess, som i vissa fall skapar en odör eller lukt, genom alla de gifter som avsöndras genom huden, så det är av stor vikt för vår omgivning att ta en extra dusch då och då. Glöm inte andedräkten, skölj ur munnen ofta. Det är viktigt med kanske någon osockrad pastill vid umgänge med folk. Jesu ord i Matt. 6:17 är tydliga, *"Men när du fastar, skall du smörja ditt huvud och tvätta ditt ansikte."* Helt enkelt vara presentabel för din omedelbara omgivning.

Varför jag säger att vi skall var speciellt noga i början av vårt faste-
liv med hygienen är att avsöndringen är som störst i början. Efter en
tid har vi gjort av med de mesta avlagringar och det blir mer nor-
malt. Igen vill jag erinra att vi är så olika att detta fenomen varierar,
men nu är du förberedd.

Attityd, Andlighet, Sömn och Träning

Jag upplever att oavsett i vilken situation jag befinner mig så har jag
lättare för att kontrollera min attityd när jag fastar. Att tålamod och
självkontroll tillsammans med en underbar känsla av välbefinnande
dominerar själen djupt inifrån är en del av många andra positiva
upplevelser jag erfarit och erfar alltjämt. När jag fastar mer än sju
dagar behöver jag inte så mycket sömn som vanligt och när jag so-
ver är det väldigt ytligt, så det betyder att jag har mera tid för medi-
tation bibelläsning bön och att bara vara i Hans närhet. Att man blir
andligare när man fastar vill jag inte kommentera, därför att vi läg-
ger så mycket olika aspekter på andlighet. Däremot vill jag påstå att
gudsfruktan har med fasta att göra. Att man upplever frid och större
självkänsla varierar beroende på hur mycket man ägnar sig åt Guds
ord. Som jag tidigare nämnt är vi skapade för att vår ande skall vara
i kontroll och det i sig själv skapar harmoni och frid i Hans tempel,
vår kropp. Fastandet är en träning i gudsfruktan och det är positivt,
bra och nyttigt.

Ty kroppsövning är i någon mån nyttigt, men gudsfruktan är på
alla sätt nyttig,eftersom den har löfte om liv,både för den här
tiden och den kommande. 1 Tim. 5:8

Varning för dig som varit missbrukare

Jag har fått lära mig av människor som tidigare missbrukat droger,
att när de varit engagerade i längre fasteperioder har de upplevt
"flachbacks" eller en form av återfall. Som förklaring har man sagt
att det beror på att vi blir mer känsliga för den andliga världen även
den onda, med påföljd att om det finns områden i våra liv som vi

inte erkänt och överlämnat i Guds händer, kan det bli obehagliga upplevelser. De onda andekrafterna kan hålla oss bundna på ett område som är mycket personligt och det gäller då inte vanlig synd utan det kan ha att göra med djävulsdyrkan eller mediaseanser och kan ligga långt bakåt i tiden, som blivit bortglömt. Detta kan i vissa fall komma tillbaka och göra dig påmind vid en längre fasta. När detta händer, så är det ett bra tillfälle att handskas med det på ett bestämt och radikalt sätt, att bekänna sin synd och att avsäga sig detta och låta Jesu blod rena så att vi blir totalt befriade.

En vanlig människa har ju ingenting att befara när det kommer till dessa saker. Att vi skulle ha liknande problem är det ju inte fråga om. Att vi blir mer medvetna om de onda andemakterna, men inte till den grad att vi skulle ta skada. När vi kommer närmare vår Fader får den onde ge vika. När Jesus hade fastat i 40 dagar och nätter så kom djävulen och varje gång svarade Jesus: "Det *står skrivet*." Naturligtvis skall vi ju alltid vara rustade med Guds hela vapenrustning enligt Ef. 6:13 så att vi kan stå emot djävulens listiga angrepp.

Bryta Fastan och Börja Äta Igen

Att bryta en fasteperiod och börja äta igen är vanligtvis inga problem när du fastat en eller två dagar, förutsatt att du har lärt dig vad det är som gäller, så att du inte blir mer styrd av köttet än tidigare. Vad det gäller din kroppsliga funktion behöver du i regel inte någon speciell mat, utan återgå till det du normalt äter och på samma tider som förut.

Efter längre fasteperioder är det nödvändigt att vänja magen och att låta matsmältningsorganen få tid att nu justeras att börja fungera igen. Fortsätt att dricka mycket och nu är det lämpligt att använda sig av fruktjuicer, protein och grönsaks drinkar. När det är dags för mat är det bra att börja äta någon mild soppa. Börja med små portioner vänta med fast föda till andra dagen samt med kött och hårdsmält mat till den tredje dagen. Var försiktig med din mage, tugga maten länge och väl. Gläd dig åt hur väl det smakar och ät på de vanliga tiderna som du brukar göra. Jag rekommenderar att börja en måltid med torkade plommon som varit blötlagda i vatten så att de är mjuka,eller tomater som skinnet avlägsnats genom att doppa dem i kokande vatten först.

Efter några gånger lär du dig hur du bäst bryter en längre fasta. Framförallt blir du nu väldigt medveten om vad du äter och hur. För en del människor så behöves en stark disciplin. För att inte övergöra det den första dagen, föreslår jag att du räknar första dagen efter en längre fasta som om den hör till fastan. Första dagen efter det att fastan är bruten verkar det vara svårt att bli riktigt tillfredställd. Den där mätthetskänslan ser ut att vara långt borta. Nu behövs den där disciplinen, det gäller att förstå att kriget fortsätter och att fastan är fullbordad men det är striden som fortsätter i ditt sinne. Köttet vill ha tillbaka kontrollen och vill få dig att tänka att du skall ta igen förlorad näring och att du nu har fastat och nu kan du unna dig lite extra. Slå bort dessa tankar omedelbart. De är inte särskilt andliga. Andra dagen är allt tillbaka till normalt.

För att hjälpa dig vill jag att du verkligen tar till dig och förstår vikten av följande rekommendation som du inte skall ge avkall på. Och det är att bestämma tidpunkten för när du skall börja och när du skall avsluta en fasta. Inte bara ungefär i tretiden på eftermiddagen, utan ett exakt klockslag, annars kommer något eller någon att styra dig, med en snedvridning som följd. Jag har sett det hända så ofta. Att oavlåtligen försöka följa och göra detta till en regel kommer att gagna ditt syfte, så glöm inte:

Tillåt aldrig din kropp, själ eller dina känslor bestämma när du skall börja eller avsluta en fasteperiod.

Vi är väl motiverade när det kommer till att träna våra kroppar regelbundet, men när det kommer till våra sinnen eller anden, saknar vi inspiration.

Kroppsövningar är nyttiga på sitt sätt, men gudsfruktan är nyttig på alla sätt,med sitt löfte om liv både för denna tiden och den kommande. 1 Tim. 4:8

Vi är fortfarande kvar i situationen att bryta fastan efter en längre tids fasta.

När du väl ställt in din kropp på att börja äta igen, så kommer lusten efter mat tillbaka. Ibland kan den där enormt överväldigande känslan efter något bastant att sätta tänderna i att bli påtaglig, som t ex en riktig köttbit. Om den tanken är köttslig i ordets rätta bemärkelse så är den det nu. Det är totalt fel, det är dumt, du måste vänta ett par dagar, ät inte något som är hårdsmält. Var rädd om din kropp som är Guds boning.

När du avbryter en fasta, så återgå till de normala tiderna för måltiderna. Färska grönsaker och mycket frukt är tillrådligt. Ditt hjärta är nu fyllt av tacksägelse för allt du har upplevt genom din fasteperiod och din uppskattning av livet i sin helhet är nu på höjdpunkten, för att inte nämna din känsla för mat. Det kan hända att du blir helt upptagen av de nu mycket sensationella smaksensationerna som vanlig mat nu bereder dig vilket i sin tur leder dig att automatiskt tugga maten länge och väl. Ta din tid att prisa och tacka Herren. Jag kan garantera dig att du inte glömmer att be innan du äter de första dagarna och bönen blir innerlig och meningsfull. Låt din glädje och njutning få uttryck i lovprisning och tacksamhet.

Nu är ett bra tillfälle att välja bort en del matvanor som inte gagnar en sund levnad eller attityder som styr din dag i övrigt, som t, ex. "Om jag inte får börja dagen med en kopp kaffe och läsa tidningen är hela min dag förstörd" eller något annat liknande. Vi skall ju leva av Guds ord så det är ju mer i stil med vår tro att börja dagen med att läsa Bibeln, meditera och prisa vår Herre och Gud. Ändra ditt sinne genom att börja din dag på ett gudomligt sätt, genom ett levnadssätt som behagar och erkänner Honom som Herre i ditt liv. Du kan läsa tidningen senare.

Din kropp är Den Helige Andens boning

Det är också väldigt lägligt att upphöra med en del dåliga matvanor. Du vet säkert vad jag menar. Kanske ge upp det vanebildande kaffet eller den där ölen till maten, för mycket godis eller glass. Din öppenhet för vad som är bra för dig är nu på sin höjdpunkt, så passa på och gör en del ändringar.

Många människor upplever att de får en tendens att bli mer medvetna och aktsamma för vad de äter. Deras känslighet för att det är den helige Andes boning det är fråga om och inte vad smakkörtlarna bestämmer. Det gäller också när det kommer till ordning och reda i din omedelbara närhet. En del människor börjar med saker som de tidigare avskytt att göra, som att städa och göra rent, ställa till rätta och organisera, skapa ordning och reda. Att upphöra med en del dåliga vanor är bra, men det är mycket bättre och uppbyggande att påbörja nya och goda vanor som är Gudsinpirerade och gagnar hela ditt livs tjänargärning.

Oavsett vilken situation eller omständighet Paulus och hans gelikar befann sig i så fastade de ofta och regelbundet. Det var deras livsstil.

Jag har arbetat och slitit och ofta vakat, jag har svultit och törstat och ofta fastat, jag har frusit och varit utan kläder. 2 Kor. 11:27

Att inte enbart höra men att göra!

Meningen är ju att när vi väl fått ljus över detta, så krävs att vi följer det och inrättar vårt liv efter det en gång för alla. Vi skall inte låta något eller någon hindra oss i vår beslutsamhet att fullfölja vårt lopp. Speciellt inte tillåta någon omständighet att bli anledning till undanflykt. Att skjuta upp handlingen nu är att låta hjärtat hårdna. Tro som inte resulterar i en varaktig omdaning i våra liv är en död tro. Vi förändrar våra sinnen, vilket resulterar i ett Kristuslikt leverne som karaktäriseras av ett liv som långtifrån påminner oss av vad den här världen står för.

Tro på vad ordet säger och besluta dig för att tillgiven överlåtelse genom fasta skall ligga till grund för ditt handlande. Trots allt pågår striden i ditt inre, som att t.ex. skjuta upp din debut. Du intalar dig att det är det ena eller det andra som gör att just nu är **inte** den rätta tidpunkten i ditt liv och det är så mycket annat som behöver rättas till först. Du känner säkert igen den här kampen.

Låt detta om tillgiven överlåtelse genom fasta från Guds ord slå rot i dig, att bära riklig frukt, som det står skrivet:

Den som sår i sin syndiga naturs åkerjord, han skall från den
skörda undergång, men den som sår i Andens åker. Han skall av
Anden skörda evigt liv. Låt oss aldrig tröttna på att göra det
goda. Gal. 6:8-9

Låt oss förnya vårt sinne och bära fram våra kroppar till helgelse-
aktivitet. Vi behöver tillgodogöra oss kunskapen som den heliga
Ande lär oss om vad fasta innebär. *"Då skall din Fader ge dig lön"*
som Jesus lärde

När vi nu genom Guds ord har lärt oss hur och vad vi skall göra, och
inte inrättar våra liv efter detta. Eller helt enkelt inte gör som vi lärt
oss. Ja då blir det som skall leda till liv och seger istället blir till
synd och förlust. Jag vet att den här sanningen är svår att anamma
till fullo, men oerhört viktig, jag har personligen sett verkningarna
av detta felsteg. Begrunda de följande bibelversarna, och låt Guds
nåd flöda i ditt liv till lydnad och förstånd, till gagn för Gud, dina
medmänniskor och dig själv. Andlig mognad kräver det. Lydnad är
frukten av fostran.

Den som vet hur man handlar rätt, men inte gör det, han
begår en synd. Jak. 4:17

Den som föraktar ordet utlämnas åt dess dom, men den som
fruktar budet, han får belöning. Ords. 13:13

Vad är det som reglerar tiden för en fasta, utöver de regelbundna fastedagarna

Bibelns riktlinjer på den här punkten varierar från tre till sju dagar.
Det är något definitivt i en andligt mogen människas liv som ger
vägledning i denna fråga. Låt oss titta på en del ställen; det är sällan
ett direkt Guds tilltal, utan oftast är det vårt sätt att vädja till Honom

Gå och samla alla judar som finns i Susan och håll fasta för mig,
Ni skall inte äta eller dricka något under tre dygn, varken dag
eller natt, Jag och mina tjänarinnor skall också fasta på samma

sätt. Därefter skall jag gå in till kungen, även om det är mot lagen. Ester 4:16

Om vi tittar närmare på det här händelseförloppet, så vet vi ju hur det hela avlöpte. Hur Ester blev given favör hos kungen och hur fienden blev avslöjad och dödad.

Det betyder inte att fastandet gör jobbet vi måste fortfarande följa den helige Andens ledning och agera, det är mycket att lära i det här stycket. Vilka det gällde, vem det gällde, anledning, hur det skulle gå till m.m.. Om vi överhuvudtaget inte är överlåtna genom vår livsstil att fasta, hur skall vi ens komma på tanken att det är en möjlighet. Lydnad är frukten av fostran.

I 1 Sam. 31:13 kan vi läsa om fasta i sju dagar för en helt annan orsak och åter i Nehemja 1:14 från nederlag o bedrövelse till inriktning och styrka, fasta o bön inför herren i många dagar. Som vi ser varierar tiden.

Vårt vandrande i Anden, det vi hängivet överlåtit oss till, det som leder oss, måste vara rotad och grundad i våra andliga tillgångar. Vad betyder det?

Det som Paul framhåller i Romarbrevet, vårt uppförande och beteende eller levnad skall inte bestämma eller prägla våra välsignelser utan tvärtom. Våra välsignelser skall vara inriktningen för vår levnad. Vi är alla välsignade med alla de himmelska välsignelserna, alltså är vår möjlighet fullkomnad med oanade tillgångar i Anden. Följaktligen blir vår levnadsstil rik på helgat leverne och tillgiven överlåtelse. Det är att vandra i Anden.

Bland dem var vi alla en gång, när vi följde våra syndiga begär och gjorde vad köttet och sinnet ville. Av naturen var vi vredens barn, vi liksom de andra. Ef. 2:3

Vi är inte "lik *de andra längre*" vi är annorlunda vi är nyskapade, vi skall inte längre följa våra syndiga begär, våra gamla sinnen vårt tidigare sätt att tänka. Vårt leverne skall tillbringas på ett helt annat sätt än folk i allmänhet eller människor som är av denna världen eller människor som inte är drivna, hängivet överlåtna till Jesus Kristus.

Därför att vi lever under nåd, inte som vredens barn därför är vi annorlunda. Vi är kallade att vara fria övervinnare och ansvariga för vårt agerande på alla plan i vårt liv. Speciellt därför att vi, hela vår varelse är Guds tempel.

Vår attityd, vårt handlande och vår livsstil uppenbarar vad det är som styr oss. Det är inget mystiskt med det, utan det är ju glasklart att det är vår tro, eller hur? En genuin tro producerar ständigt verkliga förändringar i vår livsstil och vår karaktär. Utebliven förändring bär symptomen av en död tro. Om vår tro inte skapar någon förändring så är det ingen frälsande tro.

Bli ordets görare, inte bara dess hörare, annars tar ni miste.
Jak. 1:22

"Att ständigt leva i förändring, förnyelse och utveckling för att skickliggöras av den heliga Ande" betyder att vandra i Anden.

Helgelse, eller som jag nämnt tidigare, tillgiven överlåtelse och hängivet underordnande, har att göra med helgelse rening och gudsfruktan. Hur är det möjligt, hur kan man klara detta utan regelbunden fasta och bön?

Gud sköter väl helgandet av oss? Naturligtvis, men vi måste göra vår del också. Behovet kan variera, men aldrig utebli.

Det Hebreiska ordet "gadash" menas att rentvå ceremoniellt eller moraliskt att dedikera, heliggöra helga rengöra, <u>rättfärdiggöra sig</u> <u>själv.</u> Hur ofta tycker du det behövs? Det är upp till dig att avgöra. Det händer inte av sig självt.

Men nu säger Herren vänd om till mig av hela ert hjärta, med fasta, gråt och klagan. Riv sönder edra hjärtan, inte edra kläder, och vänd om till Herren, er Gud . . . Joel 2:12-13

"Eftersom ni nu har stått emot era egna söner och bröder, må ni idag inviga helga er till Herrens tjänst. Så skall Han idag ge er sin välsignelse." 2 Mos. 32:29

<u>Ni</u> skall helga er och vara heliga ty jag är Herren, er Gud. Ni skall hålla mina bud och följa dem. Jag är Herren, <u>som helgar er.</u>
3 Mos. 20:7

Genom kärleksfull och ödmjuk lydnad, heliggör dedikerar och rentvår vi våra hjärtan och själar. Som vi ser, är detta praktisk helgelseaktivitet, vi gör vår del och Herren gör sin.

Lydnad är inte förhandlingsbart. Praktisk helgelseaktivitet genom fasta är lydnad. Enligt Bibeln är omvändelse förkrosselse och ånger, åtföljt av fasta.

Som lydnadens barn skall ni inte styras av de begär som ni tidigare levde i när ni var okunniga. Nej liksom Han som har kallet er är helig, skall ni föra ett alltigenom helgat liv, Det står skrivet; Ni skall vara heliga, ty jag är helig. 1 Petr. 1:14-16

Det är enormt mycket att begrunda i detta stycke därför att synden i våra liv skapar distans till vår Fader. När den bara fylls på varje dag som går, kan vi riskera att gå miste, synden bara inte försvinner därför att vi är Hans barn. Som det står "Så fyller de ständigt sina synders mått." Jag vill påpeka med ärlig medkänsla att Bibeln på flera ställen varnar oss för att inte bedra oss själva eller tillåta någon annan göra det, utan verkligen förstå Hans varningar.

Den som vet hur man handlar rätt, men inte gör det, han begår en synd. Jak. 4:17

Sammanfattning !
Överlåtelse genom fasta och bön har en avgörande betydelse, därför att den är biblisk

På din väg till andlig mogenhet genom överlåtelse och hängivet underordnande så förstår du nu vad praktisk helgelseaktivitet innebär. När det mer och mer präglar ditt leverne, så till den grad att du tillbringar speciell tid för detta syfte, så kan de följande tre punkterna hjälpa dig rent praktiskt. Förutsättningen är att din grund ligger i att du upplevt förlossning och frihet i Kristus, att du är pånyttfödd att du är vuxendöpt, och att du är döpt i den helige Ande och sist men inte minst att du är en del av Kristi kropp, alltså att du är aktivt medverkande i en levande församling.

1. Att din livsstil är präglad av att leva i enlighet med Guds ord

och underordnar dig trons lydnad av kärlek, glädje och fri vilja. Att ditt liv präglas av en växande skicklighet att tjäna i Guds tempel församlingen genom att läsa och studera Guds ord regelbundet varje dag, i timtal.

2. Att din tacksamhet och ödmjukhet visar sig genom ditt hjärtas övertygelse och ordets vägledning genom regelbunden fasta och bön som utryck för din personliga självklara andliga gudstjänst. Och som resulterar i en 24 timmars sammanhängande fasta minst en gång i veckan.

3. Att du blir uppfylld av den helige Ande, och förnyar ditt sinne, genom att offra lovets offer med tacksägelse och bön regelbundet varje dag, helst på morgonen. Att du utnyttjar ditt tungotal att uppbygga dig själv.

Ty varje Guds barn vinner seger över världen. Och segern som har övervunnit världen är vår tro. Vem kan besegra världen ? Endast den som tror, att Jesus är Guds Son. 1 Joh. 5:4-5

Denne Guds Son fastade, och undervisade oss att fasta. Jag uppmuntrar dig av hela mitt hjärta att utnyttja din frihet i Kristus att välja den undervisning som Jesus lagt ned i ditt hjärta genom ordet.

Lärjungen är inte förmer än sin lärare, men när han är fullärd blir han som sin lärare. Luk. 6:40

Men hos den som bevarar hans ord har Guds kärlek i sanning nått sin fullhet. Då vet vi att vi är i honom. 1 Joh. 2:5

Gläd dig inte över din överlåtelse. Gläd dig i Herren Jesus Kristus personligen. Om du gläder dig över din överlåtelse, så kan det leda till en självgodhetskänsla. Målet är Jesus, vägen dit går genom överlåtelse. Vilken underbar möjlighet som den helige Ande har berett genom att öppna dina ögon till denna sanning om överlåtelse genom fasta. Utnyttja denna frihet som du är kallad att vandra i och gör det passionerat och tillgivet. Det kommer att hedra vår Fader i himmelen.

Återigen uppmuntrar jag dig av hela mitt hjärta att utnyttja din frihet i Kristus att välja den undervisning som Jesus lagt ned i ditt hjärta genom Ordet.

Du upplever att detta är vad du behöver och att det definitivt är något som Guds ord har verkliggjort i ditt innersta. Övertygelsen vilar i dina tankar, men det här med viljan kanske du brottas med. Du vill men ändå vill du inte.

Vad anser ni om detta? En man hade två söner. Han vände sig till den förste och sade: "Min son, gå i dag och arbeta i vingården!" Han svarade: "Ja herre", men han gick icke. Sedan vände han sig till den andre och sade på samma sätt. Han svarade: "Jag vill icke", men sedan ångrade han sig och gick. Vilken av de två gjorde vad fadern ville? De svarade: "Den siste." Jesus sade till dem: "Sannerligen, jag säger er: Publikaner och skökor skall förr gå in i Guds rike än ni. Ty Johannes kom till er på rättfärdighetens väg, men ni trodde honom icke. Men publikanerna och skökorna trodde honom. Och fastän ni såg detta, ångrade ni er icke heller efteråt, så att ni trodde honom. Matt. 21:28-32

Ja, vi är kallade, därför att han har utvalt oss i Honom för att vi skall vara heliga och fläckfria inför Honom. (från Ef. 1:4)

Jag vill återknyta till vad vi började med; *"att vi inte skall leva av bröd allenast"* och anknyta till Jesus ord:

"Jag är livets bröd. Den som kommer till mig, han skall aldrig mer hungra, och den som tror på mig, han skall aldrig mer törsta." Joh. 6:35

Ty varje Guds barn vinner seger över världen. Och segern som har övervunnit världen <u>är vår tro</u>. *Vem kan besegra världen?* <u>Endast</u> *den som tror att Jesus är Guds son.* 1 Joh. 5:4-5

Denna tro grundar sej i sann kärlek, sann kärlek yttrar sig i lydnad som resultat av ödmjuk fostran genom överlåtelse.

Han, Jesus Guds son, vår frälsare, lärare, herde och vår Herre fastade och har lärt oss hur att fasta. Låt oss efterlikna Honom även i detta avseende därför att:

En lärjunge är inte förmer än sin lärare och när någon har blivit fullärd blir han som sin lärare Luk. 6:40

Därför att vi är skapade i Hans avbild att vara lik Honom. Ordet skapar växande förvissning i våra hjärtan som präglas av Jesus vittnesbörd genom att den helige Ande förvissar vår ande och själ att detta är rättfärdighet och helgelse. Det betyder att övertygelsen nu kan ta formen av en överlåtelse-handling 1 Joh. 2:5-6:

Men den som lyder Hans ord har Guds kärlek verkligen kommit till herravälde. På detta sätt får vi visshet om att vi är i Honom. Om någon säger, att han lever i Honom, måste han leva ett sådant liv som Jesus levde.

Det är faktiskt vår skyldighet.

Ödmjukhet!

Underdånig fasta o bön leder oss till ödmjukhet när vi följer Hans vägledning och att vara ödmjuk är en stor tillgång. Låt oss ta till oss Bibelns språk om hur fasta syftar till ödmjukelse inför Gud och människor.

Vid floden Ahava lät jag utlysa en fasta för att vi skulle ödmjuka oss inför vår Gud och be Honom om en lyckosam resa för oss, våra kvinnor och barn och alla våra ägodelar.

Ty jag skämdes för att be Kungen om soldater och ryttare till vårt beskydd mot fiender på vägen. Vi hade ju sagt till kungen: "Vår Guds hand är över alla dem som söker Honom, så att det går dem väl, men Hans makt och Hans vrede är emot alla som överger Honom."

*Därför **fastade vi** och sökte hjälp av vår Gud, och **Han bönhörde oss.** Esra 8:21-23*

Vi kanske känner igen oss av den här berättelsen. Vi faktiskt skäms ibland för att det inte händer mer i vissa situationer eller att det händer saker som inte bör hända. Vilket det är, så kan vi nu lära oss att när vi ödmjukar oss genom fasta o bön, så händer två saker. Fasta bejakar ödmjukheten och bönen blir besvarad. Detta är en ganska enkel ekvation?

Ödmjukhet präglar karaktär och attityd i vår personlighet!

Mose var en mycket ödmjuk man, mer än någon annan människa på jorden, . . . I hela mitt hus är han betrodd 4 Mos. 12:3, 7

Kom ihåg Herren, din Gud, i fyrtio år ledde dig hela vägen i
öknen för att <u>ödmjuka dig och pröva dig</u> och så lära känna vad
som var i ditt hjärta. återigen i vers 16; detta <u>för att ödmjuka och</u>
<u>pröva dig</u> för att sedan göra dig gott 5 Mos. 8:2-3

Här använde Gud det för att pröva och lära känna hjärtan och så
gottgöra.

Vi behöver inte sakna frimodighet, beslutsamhet och målinriktad
livsstil för att vi är ödmjuka. Tvärtom tror jag att ingen av oss kan
bli för mycket ödmjuk.

Och ni alla, klä er i ödmjukhet mot varandra. Ty Gud står emot de
högmodiga, men de ödmjuka ger Han nåd. Ödmjuka er alltså
under Guds mäktiga hand, så skall Han upphöja er när Hans tid
är inne. 1 Petr. 5:5-6

Vi kan läsa i Luk. 14:7-11 Om bröllopsgästerna och 18:10-14
Fariséen och publikanen i templet och i båda liknelserna slutar Je-
sus med att säga: *"Ty var och en som upphöjer sig skall bli förödd-*
mjukad, men den som ödmjukar sig skall bli upphöjd."

Den här livsregeln består i hur vi skall uppträda mot varandra, alltså
genom ödmjukhet och blir så belönade av honom, genom att Han
upphöjer oss

Jag bar sorgedräkt när de var sjuka, jag kuvade, (späkte,
ödmjukade) *min själ med fasta och bad med nedsänkt huvud.*
Ps. 35:13

Vi kan se hur skälen för att fasta kan variera i inriktning, men att
huvudinriktningen är att följa Bibeln. Att använda sig av hängiven
fasta och bön för andras befrielse och helande och att underkasta
sig Guds-hängiven fasta för att ödmjuka sig.

Vi har verkligen all anledning att uppskatta och erkänna den helige
Andes underbara och övertygande sätt att öppna våra andliga ögon
så att vi kan förstå och ta till oss denna sanning som hjälper oss att
bli heliga och fläckfria i vår andliga gudstjänst inför Honom.

Genom att vi tillgivet överlåter oss till ett gudomligt levnadssätt
som är präglat av hängiven lydnad i ödmjukhet av bön och fasta
regelbundet

Så sade Jesus: "alla de som älskar mig kommer att göra vad jag säger, och de som inte älskar mig bryr sig inte om vad jag säger". Förresten fortsatte han; det är inte vad jag säger utan dessa ord kommer från min Fader." 1 Joh. 14:23-24

Låt oss tillsammans igen be den bön vi började med från Ps. 119:12-20

Lovad vare Du, Herre! Lär mig Dina stadgar.

Med mina läppar förkunnar jag alla domslut från din mun.

Jag jublar över Dina vittnesbörds väg som över stora skatter.

Jag vill begrunda Dina befallningar och tänka på Dina vägar

Jag har min glädje i Dina stadgar, jag glömmer inte Ditt ord.

Gör väl mot Din tjänare, så att jag kan leva, och hålla mig till Ditt ord.

Öppna mina ögon så att jag ser undren i Din undervisning.

Jag är en främling på jorden; dölj inte Dina bud för mig.

Min själ är sönderkrossad av ständig längtan efter Dina domslut.

Jag överlåter mig totalt till Dig helige Ande att leda mig, informera mig, förvandla mitt sinne och att helga mig så att jag blir rustad och skickad att leva i lydnad och tillit till Ditt ord genom tillgiven överlåtelse och underordnad hängivenhet som leder mig att följa Jesus i fasta och bön. Amen

Min bön är att denna bibliska undervisning av praktisk andlig helgelseaktivitet som du har tagit del av i den här boken skall genom ödmjuk överlåtelse och hängivet underordnande leda dig till en självklar andlig gudstjänst med regelbunden fasta och bön. Att du nu förstår vilken tillgång detta är för dig själv och för Kristi kropp, församlingen. Och att Guds kraft skall fortsätta att skickliggöra dig till den mognad som tillhör en gudsmänniska, även på andra områden. Använd dig av den här boken som en påminnelse, uppmuntran och ledning att ta till vara på Guds ords innebörd i de olika situationer som vi som troende ständigt möter. Gud välsigne dig. Amen

Överlåtelse, löftes-lovoffer!

Att tillgivet överlåta och hängivet underordna mig Gudsordets klara budskap om praktisk och andlig helgelse genom regelbunden fasta och bön.

Jag har löften att infria till dig, Gud, jag vill ge dig lovoffer. Ty du har räddat min själ från döden och mina fötter från fall, så att jag kan vandra inför Gud i de levandes ljus. Ps. 56:13-14

Nu, om du önskar och vill, kan du handla utifrån din kunskap och vad den helige Ande övertygat ditt hjärta om.

Din överlåtelse att tillgivet överlåta och hängivet underordna dig Guds Ords klara budskap om praktisk och andlig helgelse genom fasta och bön gäller att göra det till din livsstil. Bestäm dig att du skall börja med en dag i veckan eller om du föredrar så många dagar i månaden. Det viktigaste är att vara ledd av den helige Ande, men fatta ett beslut och handla **nu**. Levande tro är att bli Ordets görare och inte endast dess hörare. Lättare än så här kommer det inte att bli.

Skriv gärna ner ditt val och markera din kalender, som sagt, det viktigaste är vad som sker mellan dig och vår Fader för det är ju honom du ödmjukt överlåter dina nyvunna levnadsvanor till, på grund av din kärlek till honom. Vidare är det Ordet, Jesus Kristus, som du lydigt hänger dig till genom den helige Andes ledning.

Min bön är: att denna genomgång av praktisk andlig helgelse aktivitet genom fasta och bön har öppnat vägen och upplyst dig genom tillgiven överlåtelse och hängivet underordnande så att den helige Ande leder dig att handla **nu**; Att Han i sin härlighets rikedom skall ge kraft och styrka åt din inre människa och att Kristus fortsätter att leda dig genom tron; att Gud vår Fader helgar och skickliggör dig genom den kraft som mäktigt verkar i dig tack vare den mönsterbild som **nu** tar form i ditt sinne och inrikta din livsstil i överensstämmelse med Ordet.

Den som vet hur man handlar rätt, men inte gör det,
han begår en synd. Jak. 4:17

*Men hos den som håller fast vid hans ord har Guds kärlek
verkligen nått sitt mål. Så vet vi att vi är i honom. Den som säger
sig förbli i honom är skyldig att själv leva så som han levde*
1 Joh. 2:5-6

*Jesus svarade "Om någon älskar mig, håller han fast vid mitt
ord, och min Fader skall älska honom, och vi skall komma till
honom och ta vår boning hos honom. Den som inte älskar mig
håller inte fast vid mina ord."* Joh. 14:23-24

Visst håller du fast vid Hans ord, därför att nu när du vet vad Hans
vilja är för ditt liv på det här området, kan du handla därefter och
bevisa för dig själv och alla andra att du verkligen är en ny människa.
Gläd dig över din nyvunna frigörelse och frimodighet genom Guds
enorma nåd, idag och för evigt.

Frågor och Svar om Fasta

Dessa frågor och svar är baserade på denna boks innehåll och har kommit till för att stärka din överlåtelse i första hand när det gäller fasta, men styrker dig även på andra områden i din andliga mognadsprocess.

Frågor:

1. I Rom. 12:1 uppmanas vi kristna att:

frambära er själva som ett levande och heligt offer som behagar Gud. Det skall vara er andliga gudstjänst.

På vilket sätt hänsyftar det till fasta?

2. När vi ser på innebörden i frasen *"er andliga gudstjänst"* i Rom. 12:1. Alltså er rationella, resonabla gudstjänst. Var i Bibeln kan vi läsa om att fasta hör till att tjäna Gud?

3. Bibliskt sett, vad är det mest viktiga, i våra förberedelser till ett liv i överlåtelse till Gud genom fasta?

4. Vad är det som verkligen kan upprätta våra liv, fostra och lära oss att leva ett rättfärdigt liv på alla områden inkluderande regelbunden fasta?

5. Att vara rätt motiverad, är det detsamma som att förnya sitt sinne?

6. När jag förstår att lydnad i min levnadsstil resulterar i regelbunden fasta, betyder det att om jag inte lever så, att jag är olydig?

7. Vad är den bibliska meningen med ordet "fasta"?

8. Vem egentligen skall vara överlåten i det här området av fasta?

9. Så följdfrågan blir då varför, vilka tre grundsvar finns det?

10. Vad är det som är huvudådran i praktisk andlighet?

11. Är tron en aktivitet i vår kropp, i vår själ, eller i vår ande?

12. Vilka i huvudsak tre förutsättningar förväntar sig Gud att vi skall visa honom, för att Han skall vägleda oss enligt Bibeln?

13. I Daniel 10:2-3 kan vi läsa att Daniel sörjt i tre veckor och avhållit sig från viss sorts mat, frågan blir då om han fastade?

14. Var i Bibeln talar Gud om att använde hunger för att människorna skulle lära sig vad verkligt liv egentligen är, och vad för slags mat skall vi äta?

15. När man överlåter sig att fasta är det tre varningar som är bra att iakttaga vilka?

16. Om vi inte vill veta av fostran och tillrättavisning, så har Bibeln en klar inriktning, var står det?

17. Om vi känner till att vi skall utföra hårt kroppsarbete eller utföra något som kräver skarphet i koncentrationen, är det en anledning att uppskjuta, avbryta eller helt utesluta en fasteperiod?

18. Vad är det som skall bestämma när jag skall börja och sluta en fasta?

19. Kan fastandet ha med fröjd ,glädje och glada högtider att göra?

20. Talar Bibeln om hur många dagar i veckan den första nytestamentliga kyrkan fastade?

21.Vad är det som bestämmer hur ofta vi skall fasta?

22. Kan man säga att överlåtelse till regelbunden fasta och bön är tecken på andlig mogenhet?

23. När rekommenderar jag att kontakta läkare innan man påbörjar fasta?

24. Är det fördelaktigt att använda laxeringsmedel när man fastar?

25. Förespråkar Bibeln att fasta är ett sätt att överkomma en människas tankar och böjelser?

26. Kan man säga att fasta har att göra med andlig träning?

27. Hur snart kan jag börja äta fast föda, efter att ha fastat en längre period?

28. Behöver man någon speciell mat när man bryter en fasta efter en eller två dagar?

29. Varför har överlåtelse till fasta och bön så stor betydelse?

30. Talar Jesus uttryckligen om att vi skall fasta?

31. Vad kommer frestelser från, inklusive frestelser att negligera fasta och bön på ett regelbundet sätt?

32. Kan man fasta för att omintetgöra synder i livet?

33. På vilka områden i mitt kristna liv kan överlåtelse till fasta och bön, ge mig styrka och kraft?

34. Vad kan följderna bli, om jag har avlagt ett löfte att fasta regelbundet, som Ordet lär, och inte kan hålla det?

35. Vad betyder biblisk fasta?

36. Var i bibeln talar Gud uttryckligen om att vi skall fasta?

37. Om gudsfruktan har med andlig träning att göra och andlig träning är att fasta, att fostra sin kropp, vad drar Bibeln den slutsatsen att detta gagnar vårat liv både nu och i evighet?

Svar:

1. På sidorna 25, 26 förklaras detta utförligt, genom att det vi läser i Rom. 12:1 *"er andliga gudstjänst"* översätts också med ordet "resonabel" enligt grekiskan och att resonabel menas:

- **Att vara resonabel** resonlig, förståndig, hygglig
- **Ej extrem** stabil, vid sinnets fulla bruk
- **Inte begära för mycket** förnöjd, medgörlig, tillmötesgående
- **Logisk** klok, förnuftig, förberedd
- **Moderat** motsats till överdriven
- **Sund** omdömesgill, nykter, solid
- **Under kontroll** behärskad, välplanerad, medgörlig
- **Återhållsam** måttfull, skälig, rimlig

Vart och ett av dessa ord förklarar vad fasta är och vad det gör.

2. I och med att fasta står i direkt samstämmighet med i Rom. 12:1 *"er andliga gudstjänst"* eller som grundtexten uttrycker det "er rationella, resonabla gudstjänst" därför att det är del av vår tjänst inför Gud och vår tjänst till människor, som det uttrycks i Apg. 13:2-3.

Medan de en gång höll gudstjänst och fastade, sade den heliga anden till dem: "Avdela Barnabas och Saul för den uppgift som jag har kallat dem till." Efter fasta och bön lade de sina händer på dem och skickade i väg dem.

3. Det viktigaste är att förnya vårt sinne, genom att tänka annorlunda om ätandet, aptit, mat ,hungerkänslor, i enlighet med principen i Rom. 12:2.

4. Hela Guds ord, gagnar oss att förverkliga våra liv, enligt 2 Tim. 3:16-17: *Hela skriften är utandad av Gud och nyttig till undervisning, till bestraffning, till upprättelse och till fostran i rättfärdighet, för att gudsmänniskan skall bli fullt färdig, väl rustad för varje god gärning.*

5. Nej det är inte detsamma, att vara rätt motiverad är bra, men får inte förväxlas med att förnya sinnet.

6. Naturligtvis är lydnad viktigt, att vara lydig till guds ord på det här området också. Om jag inte, menas det att jag är olydig? Det svaret är "ja."

7. Fasta menas helt enkelt att avhålla sig från all sorts mat flytande såväl som fast föda, för en bestämd tid, vanligtvis 24 timmar eller mer. Vid vissa tillfällen kan fasta även betyda att avhålla sig från vatten också.

8. Alla som är Guds barn i ordets rätta betydelse, skall vara överlåtna till regelbunden fasta och bön, genom Ordets övertygelse och hjärtats beredvilliga, ödmjuk tillgivenhet och sinnets förnyelse.

9. Det finns tre bra anledningar till varför vi skall fasta:

A. Därför att det är vår tjänst inför vår Fader och Gud, och till vår nästa.

B. Att bli utrustad och skickad att leva efter Guds ord.

C. Att vara lydig Guds ordets klara budskap på detta område.

10. Praktisk andlighet är att bli förändrad genom att förnya sinnet, att ändra på vårt sätt att tänka, omvändelse är ett ord som har betydelse i detta samanhang, vilket betyder en förändring som syftar till något nytt eller en annorlunda funktion. Som när den helige Ande styr våra liv, Han producerar den andliga frukten, och det finns inget mer praktiskt än det.

11. Tro är en aktivitet som påverkar alla tre delar; ande, kropp och själ, följaktligen är alltså hela vårt liv en spegelbild av vår tro.

12. I huvudsak är det baserat på Ords. 3:5-6

Förtrösta på Herren av allt ditt hjärta, och förlita dig inte på ditt förstånd. På alla dina vägar må du tänka på honom, så skall han göra dina stigar jämna.

A. Han leder oss när vi förtröstar på Honom med hela vårt hjärta.

B. Han leder oss när vi inte litar på vårat egna förstånd.

C. Han leder oss när vi erkänner Honom i allt, även fasta o bön.

13. Bibeln talar inte om fasta i detta sammanhang, läs noga texten i fråga. Den här texten används för att försvara delvis fasta, som ju är att hålla diet, vilket har sin verkan i vissa fall.

Jag, Daniel, hade då gått sörjande tre veckors tid. Jag åt ingen smaklig mat, kött och vin kom inte i min mun, ej heller smorde jag min kropp med olja, förrän de tre veckorna hade gått till ända. Dan. 10:2-3

14. Gud lärde människorna genom att låta dem gå hungriga, baserat på 5 Mosebok 8:3. I samma vers lär Han oss förstå att det är allt som utgår från Hans mun vi skall leva av, inte enbart av bröd.

15. Följande tre varningar är omnämnda:

A. Begär och åtrå tillsammans med aptit och krävande matlust. Med hänvisning till Ps. 79:29 och 1 Kor. 10:6.

B. Om du lider av någon sorts sjukdom, om du äter medicin, om du är havande eller ammar, skall du inte fasta.

C. Lev inte efter köttets begär (I Kor. 10:7, Gal. 5:24-25).

16. Om vi inte kan ta emot fostrande kritik, gör vi oss själva en björntjänst.

Den som ej vill veta av tuktan frågar inte efter sitt liv, men den som hör på tillrättavisning, han förvärvar förstånd. Ords. 15:32

17. Svaret är "Nej" Om fasteperioden inte är längre än 10 dagar, så kan vi utan hinder fortsätta våra utsatta planer, helt och hållet efter Jesu lära, så att ingen skall märka att vi fastar.

Så att inte människorna ser att du fastar, utan bara din fader i det fördolda. Då skall din fader, som ser i det fördolda, belöna dig. Matt. 6:18

18. Vi lär oss hur länge vi skall fasta, genom vad Bibeln lär oss och hur vår ödmjuka, hängivna ande är ledd. Vi kan inte lita på ledning från våra känslor, vår kropp, våra fem sinnen eller vår själ. Inget av detta skall leda oss att börja eller sluta en fasta, enbart vår självdisciplinerade ande.

19. Ja, Herren säger att fasta kan bli till glada högtider

Så säger Herren Sebaot: Fastedagarna i fjärde, femte, sjunde och tionde månaden skall för Judas hus bli till fröjd och glädje och till glada högtider. Och sanning och frid skall ni älska. Sak. 8:19

20. Den första nytestamentliga kyrkan fastade två dagar i veckan, måndag och torsdag, Luk. 18:12.

21. Hur ofta vi fastar, är på sätt och vis reglerat av vår villighet att slå ned de hinder som hindrar oss att uppnå andliga resultat och växa i andlig mognad. Lydnad är frukten eller resultatet av fostran.

22. Ja, Överlåtelse till regelbunden fasta och bön är ett tecken på andlig mogenhet, men inte det enbart.

23. Du skall tala med en doktor, helst en doktor som är erfaren med fasta innan du börjar med fasta, om du har någon form av sjukdom, äter medicin, är havande eller diar ett barn,

24. Laxeringsmedel är inte bra när man fastar, enbart som en förberedelse för en längre fasteperiod.

25. Nej, det är inte med fasta som man överkommer frestelser, det kan även bli det motsatta, läs Kol. 2:20-23.

26. Ja, definitivt, andlig träning är gudomlighet.

Kroppsövningar är nyttiga på sitt sätt, men gudsfruktan är nyttig på alla sätt, med sitt löfte om liv både för denna tiden och den kommande. 1 Tim. 4:8

121

27. Efter en längre fasteperiod rekommenderar jag att vänta med fast föda i minst två dagar.

28. Svaret är nej, efter en eller två dagars fasta , behöver man inte någon speciell inbrytningsmat, möjligtvis i början av din nya livsstil men när du fastat regelbundet för en tid så märker du hur bra det går att gå tillbaka till din vanliga mat.

29. Därför att Bibeln har stor betydelse, fasta och bön är bibliskt.

30. Ja, Jesus förväntar sig att vi skall fasta Matt. 9:15 "och då skall de fasta" Matt. 6:16 "När ni fastar."

31. Frestelserna kommer från oss själva, vi väljer att vara negligent. *Blir någon frestad, är det alltid av sitt eget begär som han lockas och snärjs.* Jak. 1:14

32. Nej, fasta kan inte omintetgöra synden i våra liv, bara Jesus kan göra det och sätta oss fria från fördömelse och förnedring. Däremot kan fasta vara ett uttryckssätt för ånger och omvändelse från synd.

33. På alla områden, om jag väljer att ägna mig åt andliga aktiviteter.

34. Det beror på min attityd, om jag känner skuldkänslor och hur jag handskas med dem, skuldkänslor kan ibland vara danande och leda mig att göra det rätta. Men kan också vara depressiva och upproriska och skada mig. Vi får inte förväxla skyldighet och fördömelse. När jag avlagt ett löfte till Gud, så är det ju självklart att jag får skuldkänslor om jag inte håller mitt löfte. Men Han ger mig kraft att hålla de löften jag givit. Genom Kristus förmår jag allt.

35.Att fasta enligt Bibeln och att göra det för att följa Bibelns lära, för att bli skickliggjord att tjäna Gud och att göra det till en livsstil. I praktiken betyder det att regelbundet avhålla sig från all flytande och fast föda för en period av 24 timmar eller mer

36. Ordet fasta finns omnämnt på 94 ställen i bibeln 46 i det nya testamentet och 48 i det gamla testamentet, följande fyra ställen är direkta tilltal Joel 2:12, Sak. 8:19, Matt. 9:15, Matt. 6:16.

37. *Kroppsövningar är nyttiga på sitt sätt, men gudsfruktan* (inkluderande fasta) *är nyttig på alla sätt, med sitt löfte om liv både för denna tiden och den kommande.* 1 Tim. 4:8

Lydnad är frukten av fostran.

DEN GRUNDLÄGGANDE LÄRAN OM PERSONLIG BÖN

Läran om Bön – Del Ett
"FADER VÅR"

Därför att vårt ständiga mål och strävan är att komma närmare vår Gud och Fader till allt rikare gemenskap, är det viktigt att förstå att vårt enskilda böneliv spelar en väsentlig roll. Hur vår Gud och Fader vill att vi Hans barn skall fungera på detta område. Om vi felar att söka Gud genom personlig bön i enlighet med Hans vilja och instruktion, då förnekar vi Honom.

Vad är bön egentligen? Bön är vanligtvis, synnerligen personligt, men behöver inte fördenskull vara bibliskt. Bön förklaras som kommunikation eller kontakt med Gud, som betyder tvåvägs-ledning, att ge och ta emot som i sin tur leder till gemenskap, relation och umgänge. Men en tredje part kan även göra sig gällande för att förhindra och skada. Det är vårat största behov att ständigt stå i nära kontakt och umgänge med vår Fader i himlen, att förbli i Honom och att ständigt välsigna och ära Honom och Hans Son Jesus Kristus.

Hans vilja för oss är inriktad på att hjälpa oss uppfylla detta vårt största behov. Han är vårt största behov, det är inget tvivel om det hos någon av oss som är rättfärdiggjorda genom tron. Därför är den helige Ande så beredvillig att hjälpa och leda oss genom Ordet, Jesus Kristus som är vägen, sanningen och livet.

Vi skall alltså ta del av bönen som Jesus lärde lärjungarna, när de frågade Honom om hur man skall bedja från Matt. 6:9-13.

INTIMITET FODRAR ENGAGEMANG, TID OCH ÖVNING

När vi skall etablera och nå fram till gemenskap och intimitet med

Gud vår Fader är det viktigt att förstå att det måste börja från djupet av våra hjärtan, allt annat kommer att missa målet. Det menas att vi måste tillbringa tid med Honom i Hans närhet, och verkligen uppleva Hans innerlighet. Hans härlighet och godhet, därför att i Hans närhet är härligheten fullkomnad.

Han har gett oss sin ande, och därför vet vi att vi förblir
i honom och han i oss. 1 Joh. 4:13

Genom den kärlek vi har till vår Fader och den helige Andens ledning kan vi ta emot lärdom hur vi i vår bön skall dra hans uppmärksamhet till oss. Att förbli i den smörjelse vi fått från Honom menas att vi vill leva ett liv som är fokuserat på att denna intima gemenskap förverkligas. Att uttrycka det klart betyder att helt enkelt börja med att avsätta tid att vara i Hans närhet dagligen. Vi gör andra saker i våra liv dagligen som vi har gjort till en vana att göra. Därför är det lätt att göra detta till en vana också och det är det som kommer att göra skillnaden i våra liv.

Att förbereda och göra oss tillgängliga för vår Gud, måste vi också förmiska vår roll som maka och make. Det kanske låter lite konstigt men låt ordet i 1 Kor.7:5 tala till oss på det här området.

Håll er inte ifrån varandra annat än för en tid, om ni har enats
om det för att ostört kunna ägna er åt bön och sedan vara
tillsammans igen. Annars kan Satan fresta er, eftersom ni inte
förmår leva avhållsamt.

I den engelska översättningen så nämner man även fasta i detta sammanhang.

Genom förståelse och överenskommelse mellan gifta par så får man ge varandra frihet i personlig bönetid. Naturligtvis menas det att gemensam bön inte är mindre viktig. Det finns också tillfällen och tider för allmän bön i församlingen som Apg. 1:14 ger oss ett bra exempel på.

Alla dessa höll ihop under ständig bön, tillsammans med några
kvinnor, Maria, Jesu mor, och hans bröder.

Det finns många olika sorters bön och förböner, dedikeringsböner, bön för helande o.s.v. Den här boken handlar enbart om personlig bön. Jag vill avsluta den här inledningen med ett bra förslag: Kom ihåg att intimitet med Gud är personlig och kräver bearbetning och träning.

"Att vara aktivt och ödmjukt engagerad för att uppnå varaktigt resultat då krävs total överlåtelse till den helige Andes ledning, genom att ständigt utnyttja vår tid så att det förverkligas."

"FADER VÅR"

Bön börjar och slutar alltid med ett genomgående mål att glorifiera vår Gud och Fader och Hans Son Jesus Kristus. Skälet med vår bön är inte att enbart be om att vi skall få det vi vill och få våra behov uppfyllda. Bön måste ära vår Fader och förminska vår roll. Det är Han som är det huvudsakliga inte jag och mina intressen. Gud vet allt om mig och vad jag behöver. Vi ska i huvudsak vara angelägna om vem Gud är. Vad Han vill och hur vi kan glorifiera Honom. Vad det är som kommer att utveckla Hans rike och ge ära till Hans namn. Vår ambition skall vara att framhäva Guds karaktär och utestänga våra egna själviska önskningar och glädja oss i Honom. I Matt. 6:32-33 så lär oss Jesus på ett enkelt sätt den här principen.

Allt sådant jagar hedningarna efter. Men er himmelske fader vet att ni behöver allt detta. Sök först hans rike och hans rättfärdighet, så skall ni få allt det andra också.

Han fortsätter i Matt. 6:7-8 och säger:

Och när ni ber skall ni inte rabbla tomma ord som hedningarna; de tror att de skall bli bönhörda för de många ordens skull. Gör inte som de, ty er fader vet vad ni behöver redan innan ni har bett honom om det.

Dessa verser talar sitt tydliga språk och understryker vad som framhållits, att bönen i huvudsak har att göra med att glorifiera vår Fader i himmelen, och inte oss och vår agenda. Det betyder inte att vi skall utesluta våra önskningar.

Våra aktiviteter eller engagemang måste vara grundade i hjärtat, detta är verkligen allvarligt. När vi förstår och är medvetna om att vi är "konungsliga präster" för vår Fader i himmelen som det står i Upp. 1:6

Och som har gjort oss till ett kungadöme, till präster
åt sin Gud och fader, honom tillhör härligheten
och väldet i evigheters evighet, amen.

I Mal. 2:1-2 så förstår vi hur viktigt Gud ser på situationen.

Därför kommer nu följande bud till er, ni präster. Om ni inte lyder
det och ger akt på det, så att ni ger mitt namn ära, säger Herren
Sebaot, så skall jag sända förbannelse över er och förbanna era
välsignelser. Ja, jag har redan förbannat dem, eftersom ni
inte ger akt på det.

Vi måste förstå att Gud vill lära oss något viktigt med den här versen. Att bara säja några ord i en bön som är grundad i vår personliga uppfattning eller enbart några ord innan vi går till sömns kommer inte längre att vara tillräckligt. Att söka Guds Ord och undervisning genom Den helige Andes ledning och genom att förnya vårt sinne och verkligen bli förändrade innebär att vi måste tänka om.

Våra jordiska fäder tuktade oss, och vi fogade oss efter dem. Skall
vi då inte så mycket mer böja oss för andarnas fader, så att vi får
leva? Våra fäder tuktade oss ju för en kort tid och efter eget
godtycke, men han gör det för vårt bästa, för att vi skall få del av
hans helighet. Hebr. 12:9-10

Det innebär att vi måste ändra på en del saker i vår livsstil och ta till oss frimodighet att bli lydiga Guds ord, därför att Gud är vår Hjälpare. Vi har allt att vinna. När vi har kommit till den slutsatsen så kan vi koncentrera oss på den huvudsakliga uppgiften med bön som är att glorifiera vår Fader i enskild intim och personlig innerlig bön Jag föreslår att vi gör så här; genom den helige Ande offrar vi lovets offer till Gud vilket är frukten från våra läppar som vi villigt och tacksamt upplyfter hans namn med. Detta verkar ju riktigt och bibliskt men tänk om vi inte vet hur vi skall göra detta? Det är därför som vi studerar Guds Ord så att vi genom det kan lära oss och vi börjar med att läsa Hos. 14:2 som har ett väldigt bra förslag på den här vägen.

Ta med er böneord, och vänd så åter till Herren. Säg till honom: "Skaffa bort all missgärning, och ta fram goda gåvor, så vill vi bära fram till dig våra läppars offer, som man offrar tjurar."

Det uråldriga hebreiska ordet här menas bokstavligen att "överlämna kalvarna från våra läppar." Vad menas egentligen med att "ta med er böneord"? Det menas att vi kan använda heliga ord från Bibeln i våra böner. Det är alltså tillåtet att ha ett manuskript eller anteckningar som vi tagit från Bibeln. Dessa anteckningar är till för att leda våra tankar och sinne när vi kommer inför Hans ansikte i bön.

Vi vill alltså uttrycka ord som den helige Ande vill skapa inom oss och på det sättet glorifiera vår Fader och Gud helt och hållet efter Hans vilja och vårt nydanade lydiga hjärtas önskningar.

Var inte rädd, du lilla hjord, er fader har beslutat att ge er riket.
Luk. 12:32

När vi tar ord med oss eller har skrivit ned vår bön så är det givet att inte enbart läsa upp det, utan kommunicera med inlevelse och mening, m.a.o. ifrån hjärtat. Vi kommer ihåg Jesu ord: "Rabbla inte tomma ord som hedningarna, de tror att de skall bli bönhörda för de många ordens skull." Avsikten med bön är att fokusera på Honom – att ge av oss själva och ihärdigt fortsätta med det tills att vi blir helt överlåtna och betagna i Honom som är Ordet - Jesus Kristus. Då behöver vi inte längre några noteringar eller manuskript. Vi kommer att flöda av levande vatten som är livets ord. Det här kommer att bli märkbart efter en tids träning. Vi blir transformerade genom att vårt sinne förnyas och som ett resultat kommer vi att bli andligen mer mogna. Därför att vi är ledda av Guds perfekta vilja. Onekligen måste vi erkänna att detta är vår längtan. Låt oss bli uppmuntrade med följande:

Herre, öppna mina läppar, så att min mun kan förkunna ditt lov. Ty du har inte behag till offer, eljest skulle jag ge dig sådana. Till brännoffer har du inte lust. Det offer som behagar Gud är en förkrossad ande. Ett förkrossat och bedrövat hjärta skall du, Gud, inte förakta. Ps. 51:15-17

EXEMPEL PÅ HUR GUDSMÄN BAD
DANIEL

Daniel fick ju ofta handskas med kritiska och farliga situationer. Hans behov för Guds ingripande måste ha varit konstant. Bibeln lär oss att Daniel började sin bön genom att bekänna och erkänna Guds karaktär och natur.

Jag bad till Herren, min Gud, och bekände och sade: "Ack Herre, du store och fruktansvärde Gud, du som håller förbund och bevarar nåd mot dem som älskar dig och håller dina bud!" Dan. 9:4

Sedan erkände han Israels synder. I vers 7 och 9 erkänner han igen Guds rättfärdighet och barmhärtighet. Vi kan också lära oss att bön inte enbart handlar om dig och Gud. I så fall vore det lätt. Det finns en tredje part,vår fiende som alltid vill störa kommunikationen. Av just den anledning är det viktigare för oss att följa Guds vägledning när det kommer till bön.

JONA

Jona är en annan gudsman som också hade stor anledning att räkna med Guds ingripande. Han behövde ju få hjälp med att komma ur fiskens buk. Istället för att böna och be om det så upplyfte han och prisade Guds karaktär.

Vi kan läsa om hur Gud tog hand om Jona genom att släppa ut honom ur fiskens buk. Så här bad han:

När min själ försmäktade i mig, då tänkte jag på Herren, och min bön kom till dig, i ditt heliga tempel. Jona 2:7

"Men jag vill offra åt dig, med högljudd tacksägelse, vad jag har lovat vill jag infria. Frälsningen är hos Herren!" Och på Herrens befallning kastade fisken upp Jona på land. Jona 2:9-10

PAULUS OCH SILAS

Vi kan oskså läsa från NT om Paulus och Silas och hur dom var fängslade och fick utstå mycket lidande. De var kastade längst in i fängelsehålan och deras fötter var fastkedjade i en stock. De hade all anledning att vara deprimerade och fyllda av övergivenhet och i sin bön be Gud om hjälp men istället kan vi se vad dom gjorde när vi läser:

Vid midnatt höll Paulus och Silas bön och sjöng lovsånger till Gud, och de andra fångarna hörde på. Apg. 16:25

Som vi ser så talar inte Bibeln om att Paulus och Silas bad om hjälp i sin situation. Gud vår Fader var definitivt glorifierad genom allt vad som hände och speciellt därför att Gud var förhärligad genom deras lovsång. Vi har ingen anledning att tala om för Gud vad han skall göra. Vår attityd och skyldighet är att glorifiera och förhärliga Hans namn:

Det folk som jag har format åt mej skall höja mitt lov. Jes. 43:21

Låt oss läsa om vad som hände den natten.

Plötsligt kom ett kraftigt jordskalv, så att fängelset skakades i sina grundvalar. I detsamma sprang alla dörrar upp och bojorna föll av dem alla. Fångvaktaren vaknade, och när han fick se att dörrarna i fängelset stod öppna, drog han sitt svärd för att ta sitt liv, eftersom han trodde att fångarna hade rymt. Men Paulus ropade högt: "Gör dig inget illa! Vi är kvar allihop Då sade fångvaktaren till om ljus och sprang in och kastade sig skräckslagen ner inför Paulus och Silas. Sedan förde han ut dem och frågade dem: Vad skall jag göra för att räddas?" De svarade: "Tro på herren Jesus, så skall du bli räddad, du och din familj." Och de förkunnade ordet om Herren för honom och alla i hans hus. Fångvaktaren tog genast hand om dem, mitt i natten, och tvättade såren efter piskrappen. Sedan döptes han själv med hela sin familj. Han tog dem med upp i sin bostad och lät duka ett bord, och han och hela hans hushåll visade stor glädje över att ha kommit till tro på Gud. På morgonen skickade domarna dit sina vakter med order om att männen skulle friges. Apg. 16:26-35

Genom dessa tre bibelställen kan vi förstå hur bön skall i första hand ägnas åt att erkänna vår Gud och Fader och Hans karaktär, först sedan bekänner vi vår synd och våra felsteg.

Vad jag försökt att förmedla är att Kristi kärlek går långt utöver vad någon kan förstå när vi blir helt uppfyllda av all Guds fullhet. *Han som förmår göra långt mer än allt vi ber om eller tänker, genom den kraft som mäktigt verkar i oss.* Ef. 3:20

Bön är att komma ur sin egen begränsning och genom Guds ord och den helige Andes ledning bli ett med Gud. Man ser förbi omständigheterna, de egna känslorna och förnuftets bedömning av situationen. När vi erkänner och tror Honom som kan göra allt så förstår vi vad Bibeln lär: *"Gör er inga bekymmer – tacka Gud och låt Honom få veta alla era önskningar."*

Vi skall alltså inte förklara för Honom hur vi vill att Han skall besvara oss, utan då skall Guds frid som är mer värd än allt vad vi kan tänka, ge våra hjärtan och tankar skydd i Jesus Kristus (Hämtat från Fil. 4:6-7).

Det är den här gudomliga balansen i vår bön som är målet och vi behöver vara öppna för tillämpningen av Hans lära när det kommer till personlig bön. Att uttrycka det mer klart så är det vår attityd som är avgörande när vi kommer inför Hans ord. Låt oss bli på vår vakt när Han uttryckligen säger "Så skall ni be."

I mindre än sjuttio ord (bönen: Fader Vår) så lägger Han ner ett mönster. Det är naturligtvis ett mästerverk från hjärtat av vår Fader. Ett mönster och en struktur för hur våra böner skall vara. Som jag nämnt tidigare så varnade Jesus oss för det allvarliga med meningslösa upprepningar.

Det är ju klart och tydligt att Jesus vet bäst. Därför använder vi oss av Hans undervisning i detta ämna av bön och lovprisning. Han är vår överlärare och mästare. Helt klart är Hans ord perfekt och vi måste kunna förstå dem, men även mer viktigt är den attityd och ande som detta gudomliga mönster förespråkar. Detta kan endast åstadkommas genom den helige Andes ledning när vi underordnar oss Honom.

Jesus lär oss att börjar med "Fader vår." Det är ju ett uttryck som beskriver ett förhållande mellan far och barn. Det gäller att vara fokuserad på Gud och Hans person. Vi erkänner en total överlåtelse genom att förklara Honom som vår Fader. Vi kan också använda så många andra namn men om vi inte känner Honom och erkänner denna relation genom att använda Hans namn behöver vi kanske arbeta med denna situation. Det finns människor som har svårt för att uttrycka just att Han är Fader och representerar ingenting annat än att Han är vår Fader. Jesus använde detta sätt att tala med sin Fader för att det är signifikativt och har en genuin mening. Att ersätta detta "Fader" med något annat kan uppfattas att relationen inte är intim. Det här är en form som även ett barn kan förstå och vi finner en bra jämförelse i:

"Amen säger jag er: Om Ni inte omvänder er och blir som barn, kommer ni inte in i himmelriket." Matt. 18:3

Och återigen är det endast dem som tar emot Honom.

Men åt dem som tog emot honom gav han rätten att bli Guds barn, åt alla som tror på hans namn, som har blivit födda inte av blod, inte av kroppens vilja, inte av någon mans vilja, utan av Gud. Joh. 1:12-13

Det är därför vi frimodigt kan kalla Honom vår Fader genom att vi är Hans adopterade barn. Helt efter Hans goda vilja genom Jesus Kristus som han tydligt framhäver i dessa två verser.

Men Herre, du är ju vår fader, vi är leret, och du är den som har danat oss, vi är allesammans verk av din hand. Jes. 64:8

Är det så du lönar Herren, du dåraktiga och ovisa folk? Är han då inte din fader, som skapade dig? Han danade ju dig och beredde dig. 5 Mos. 32:6

SUMMERING AV FÖRSTA DELEN

När vi passerat området för våra omedelbara begränsningar och kan söka Gud för det vi egentligen behöver, frid, gemenskap, seger, frimodighet eller bara en förståelse om vad som försiggår så förstår vi att vår Fader har enorma tillgångar i den himmelska världen. Vår Fader har redan givet det till oss, helt i överensstämmelse med löftena i Hans ord. Alla resurserna i himmelen är tillgängliga för oss när vi förtröstar på Honom som vår älskade Fader. Han som verkligen är den sanna löfteshållaren.

Välsignad är vår herre Jesu Kristi Gud och fader. Han har välsignat oss med all den andliga välsignelse som genom Kristus finns i himlen. Ef. 1:3

Så vad är det som håller oss tillbaka? Varför är vi inte i stånd att ta till vara alla dessa tillgångar eller andliga välsignelser? Vår felaktiga attityd är det som hindrar oss att bli övervinnare. Våra världsliga fäder förväntar sej att vi skall vara lydiga och så är det med vår himmelske Fader också.

Vi är medvetna om att Guds Son Jesus Kristus kom ner från himmelen inte för att göra sin egen vilja utan för att göra sin Faders vilja. Han var lydig ända till döds. Hur mycket mer skall då inte vi som adopterade barn vara lydiga och göra Hans vilja, även när det kommer till att be som Han lär. En av de förnämsta karaktärsdragen i en troendes liv är att ödmjukt och lydigt följa Hans vilja. Däremot är en upproriskhet raka motsatsen. Upproriskhet är det som förstör relationer. När uppror styr vår attityd och sinne så kommer det att bli uppenbart i våra relationer. Först med Gud och sedan till våra närmaste. Här finns bara ett svar och det är att komma till vår Fader och be om förlåtelse och bevisa vår ångerfullhet genom att ödmjukt ändra oss. Trots att vi i vår olydighet försummar att ta lärdom när det kommer till personlig bön så älskar vår Fader oss. I Lukas 15:11-32 talar Jesus om en kärleksfull Fader vilket hjälper oss att förstå hur vår himmelska Fader behandlar oss. Fadern i denna liknelse förlät och gladde sej över en självgod son, som förblev rättfärdig, men också över en upprorisk son som gjorde slut på arvet i sus och dus samt lämnade hemmet.

Han ångrade och omvände sig och kom tillbaka hem. Detta är en verkligt bra lektion om en passionerad älskvärd fader med ett stort och förlåtande hjärta. Helt i likhet med vår himmelske Fader. När vi i vår bön vänder oss till vår Gud och Fader med orden "Fader vår som är i himmelen" så kan vi göra det som ett barn med full försäkran, förvissning och övertygelse att Han innerligt älskar oss och längtar efter att lyssna till oss. Vi lägger alltså ned i dessa ord att vi erkänner och förklarar vår längtan att ta emot Hans faderliga omvårdnad och välsignelse om det gäller ett speciellt område men i allra bästa fall i alla våra situationer. Hans faderskap är evig, definitiv och verkar nu. Låt oss avsluta den här första delen med orden

Och tacka alltid vår Gud och fader för allt i vår herre
Jesu Kristi namn. Ef. 5:20

Läran om Bön - Del två
"HELGAT VARDE DITT NAMN"

Detta är också ett område vi behöver få en djupare insikt i och fortsätta förnya vårt sinne. Det har att göra med varför Gud skapade oss, nämligen att glorifiera och ära vår Fader i himmelen och exaltera Hans namn från djupet av våra hjärtan på ett frimodigt och innerligt sätt. Det är just detta som den här frasen handlar om, Jesaia förklarar detta på ett underbart sätt.

Det folk som jag har danat åt mig skall förkunna mitt lov.
Jes. 43:21

Vår kärlek och förtröstan på vår Fader är inte grundat på Hans namn eller Hans titlar utan på verkligheten bakom namnen, på Hans person och karaktär vem Han verkligen är. Kung David uttryckte det på ett bra sätt.

Och må de som känner ditt namn förtrösta på dig, ty du överger inte dem som söker dig, Herre. Ps. 9:10

Herre, vår Herre, hur härligt är inte ditt namn över hela jorden! Ps. 8:9

Återigen, hur Hans namn är exalterat, i den trosförsäkran och sanning som är uttryckt här nedan

Herre, du är min Gud, jag vill upphöja dig, jag vill prisa ditt namn, ty du gör underbara ting, Dina rådslut från fordom utför Du med trofasthet och sanning. Jes. 25:1

När Gud förklarar hurudan Han är måste vi ta lärdom. När Moses för andra gången gick upp på Sinai berg för att ta emot lagtavlorna så kallade Moses på Gud. Då passerade Gud framför Moses och sade

Och Herren gick förbi honom, där han stod, och utropade:
"Herren! Herren! – en Gud, barmhärtig och nådig, sen till vrede
och stor i nåd och sanning." 2 Mos. 34:6

Dessa fem suveräna karaktärsdrag i Hans person är bara början. Låt oss se hur Jesus handskades med den här delen.

Jag har uppenbarat ditt namn för de människor som du tog från
världen och gav åt mig. De var dina, och du gav dem åt mig, och
de har bevarat ditt ord. Joh. 17:6

Jesus bevisade Guds karaktär för dem. Han bara inte gav lektioner vad namnet betydde utan som Han sade "Han manifesterade Gud för lärjungarna och för hela världen genom att Hans eget rättfärdiga syndfria levende".

Och Ordet blev människa och bodde bland oss, och vi såg hans
härlighet, en härlighet som den ende sonen får av sin fader, och
han var fylld av nåd och sanning. Joh. 1:14

Jesus kom ju för att frälsa världen och det skulle ske genom Hans kropp – församlingen – som tog sin början med de tolv apostlarna. I denna uppgift märker vi två väsentliga delar som Jesus klargör i sin sista bön. För det första att glorifiera och förhärliga Fadern, för det andra att manifestera och uppenbara Hans namn.

Jag har förhärligat dig här på jorden genom att fullborda det verk
som du har gett mig att utföra. Joh. 17:4

Jag har uppenbarat ditt namn för de människor som du tog från
världen och gav åt mig. De var dina, och du gav dem åt mig, och
de har bevarat ditt ord. Joh. 17:6

Som vi ser konstaterar Jesus med att säga: "de har bevarat ditt ord". Genom att leva ett liv som Jesus gjorde så manifesterar vi Hans karaktär och applicerar Hans ord till vårt tänkande, till vårt språk och hur vi lever och verkar. Genom detta sätt är vi då också kapabla att "helga" Guds namn i våra böner. Om vi inte kan uttrycka oss med de rätta orden eller påminna oss om Hans olika karaktärsdrag när vi kommer inför Hans tron för att bedja då kan vi utnyttja oss av den möjligheten som Hosea lär oss.

Ta med er böneord, och vänd så åter till Herren. Säg till honom:
"Skaffa bort all missgärning, och ta fram goda gåvor, så vill vi
bära fram till dig våra läppars offer, som man offrar tjurar."
Hos. 14:2

Som jag tidigare uttryckte så kan vi använda oss av denna möjlighet att ta med oss böneord – att helt enkelt skriva upp dem och citera gudsordet från Bibeln.

Bön är inte uppriktig och bra enbart för att det är ord och meningar som jag själv kommer upp med. Naturligtvis ska vi använda våra egna ord också men grundmeningen är att vi skall lära oss be som Gud vill och då måste det egna få gå för att ersättas av Hans vilja och uttryck. Gör vi det?

Måste vi verkligen vara lika Jesus för att kunna be, kanske du frågar dig?

Sådan Han är sådana är också vi i den här världen som det står i 1 Joh. 4:17 vi vet att vi förblir i Honom och Han i oss, därför att Han har gett oss av Sin Ande.

Låt oss ta del av Hans mångfacetterade namn och vad som menas med dem.

ELOHIM	Gud Skaparen
EL ELYON	Gud som äger himmel och jord
JEHOVA JIREH	Gud som förser
JEHOVA NISSI	Gud vårt baner
JEHOVA RAPHA	Gud helbrägdagöraren
JEHOVA SHALOM	Gud är frid
JEHOVA RAAH	Gud vår herde
JEHOVA TSIDKENU	Gud vår rättfärdighet
JEHOVA SABAOTH	Gud vår härförare
JEHOVA SHAMA	Gud den närvarande
JEHOVA MAGODEESHKIM	Gud som helgar

I gamla testamentet kan vi finna många mer namn av Gud vår Fader och av Jesus Kristus, där varje namn förklarar Hans egenskaper och karaktär.

Ty ett barn blir oss fött, en son blir oss given, och på hans skuldror skall herradömet vila, och hans namn skall vara: Underbar i råd, Väldig Gud, Evig fader, Fridsfurste. Jes. 9:6

Att lära sig alla dessa namn och meningen med dem kommer ju att kräva en del ambition och träning, men om vi använder dem ofta i vårt böneliv så blir de en del av vårt tal och blir så småningom uttryck som är grundade i våra hjärtan. Detta är också att förnya sinnet.

Herre, vår Herre, hur härligt är inte ditt namn över hela jorden, du som har satt ditt majestät på himmelen! Ps. 8:1

Jag vill vara glad och fröjdas i dig, jag vill lovsjunga ditt namn, du den Högste. Ps. 9:2

Låt oss fortsätta och se den perfekta manifestationen av Guds namn som det gestaltar sig i Jesu levnad här på jorden.

VÄGEN, SANNINGEN OCH LIVET	Joh. 14:6
GUDS LAMM	Joh. 1:29
MÄNNISKORNAS SON	Joh. 1:51
GUDS SON	Joh. 2:18
LEVANDE VATTEN	Joh. 4:10
LIVETS BRÖD	Joh. 6:35
VÄRLDENS LJUS	Joh. 8:12
DÖRREN	Joh. 10:9
UPPSTÅNDELSEN OCH LIVET	Joh. 11:25
MÄSTARE OCH HERRE	Joh. 13:13
DEN SANNA VINSTOCKEN	Joh. 15:1
KONUNG	Joh. 18:37
DEN KLARA MORGONSTJÄRNAN	Joh. Upp. 22:16

Detta är ett urval av de vanligaste namnen, men listan är lång. En del förkunnare framhäver att det räcker med namnet Jesus, för i detta namn ligger allt, och visst är det sant, men varför har vi fått alla dessa namn nedskrivna om vi inte skall använda dem för att upphöja Hans namn? Vi är skapade till Guds avbild, och vi tycker om att bli kallade med vårt namn, och så gör Han, kan det vara så enkelt?

GUD'S VILJA BÖRJAR I VÅRA HJÄRTAN

Att helga Guds namn, liksom all annan manifestation av rättfärdighet skall ta sin början i våra pånyttfödda hjärtan.

Men Herren, Kristus, <u>skall ni hålla helig i era hjärtan</u>. Var alltid beredda att svara var och en som kräver besked om ert hopp.
1 Petr. 3:15

Det här med helgelse är ett stort område som i sig själv skulle kunna fylla resten av den här boken. Som Bibeln påpekar, annars kan vi inte behaga Gud.

Helgelse, att vara helig kan ibland bli religiositet som Jesus under sin tid här på jorden bekämpade, nämligen fariséernas hyckleri. Att bete sig på ett visst sätt för att människor skall se vår helighet är inte helgelse. Även hjärtat kan vara missriktat. När vi agerar med stark tro, eller gör något med fast övertygelse, behöver det nödvändigtvis inte vara guds-inspirerat, det kan vara fel, av felaktig lära eller helt enkelt av dumdristighet och oförstånd. Det vi tror är andlighet, kan vara totalt i köttet. Det är av den anledningen, vi måste vara angelägna att vidmakthålla en stark och öppen, i hjärtat grundad relation med vår Fader och Gud, att ta vår kallelse på allvar och leva ut vårt konungsliga prästerskaps plikter i helighet.

Lev ett alltigenom heligt liv, liksom han som har kallat er är helig. Det står ju skrivet: Var heliga, ty jag är helig. 1 Petr. 1:15-16

Då blir också ni till levande stenar i ett andligt husbygge. Ni blir ett heligt prästerskap och kan frambära andliga offer som Gud vill ta emot tack vare Jesus Kristus. 1 Petr. 2:5

Lägg därför bort allt slags ondska, <u>falskhet och förställning</u>, avund och förtal. Som nyfödda barn skall ni längta efter den rena, andliga mjölken, för att växa genom den och bli frälsta.
1 Petr. 2:1-2

I det här sammanhanget vill jag påminna om hur väsentligt, ja livsviktigt det är att tillhöra en levande församling och aktivt verka där, därför at det är genom församlingen Gud verkar. En liten grupp i all ära, men det är inte vad Gud menade. Får utan herde går vilse. Får kan inte leda får, det bara är så.

"HELIG"

Ordet "helig" kommer ursprungligen från ett ålderdomligt arkaiskt engelskt ord, vanligen använt att översätta det forntida grekiska ordet "hagiazo" vilket översatt till svenska betyder "att heliggöra" ord hämtade från samma forntida grekiska rot är översatta till svenska med helig, saliggöra, fromhet renhet och helgelse. Låt oss vara uppmärksamma på hur de följande bibelversarna visar att helgelse-prosessen är en del som vi presterar likväl som Gud lovar att fullgöra sin del.

Så skall ni nu hålla er heliga och vara heliga, ty jag är Herren, er Gud. Och ni skall hålla mina stadgar och göra efter dem. Jag är Herren, som helgar er. 3 Mos. 20:7-8

Återigen vill jag framhäva att vår part i att bli helgade har direkt att göra med att vi inte försummar möjligheten som står oss till buds, genom de tillrättavisningar Guds ord leder oss i.

Mina kära barn, detta är de löften vi har. Låt oss därför rena oss från allt som befläckar kropp och ande och i gudsfruktan nå fram till helighet. 2 Kor. 7:1

Så kan vi fortsätta att bli totalt heliggjorda till ande, kropp och själ, därför att han har lovat det i sitt ord.

Må han som är fridens Gud helga er helt igenom, och må er ande, själ och kropp bevaras hela och oskadda, så att de är utan fläck när vår herre Jesus Kristus kommer. Han som kallar er är trofast, han skall åstadkomma det. 1 Tess. 5:23-24

Med dessa bibelverser som vägledning kan vi lägga en stabil och lättförståelig grund för hur helgelse skall fungera. Att det måste vara en prestation av våra egna initiativ ledd av den helige Ande är förståelig. Men att vår Fader och Gud kommer att fullgöra vår helgelse, att det är ett teamwork mellan oss är uppenbart. Vi får inte förväxla detta med vår frälsning, även om vår frälsning är beroende av vår helgelse. Detta har med överlåtelse att göra, men ännu mer att vi applicerar denna sanning till våra liv på ett praktiskt andligt och rationellt sätt. Att helga Hans namn gör vi bäst genom lydnad, vördnad, heder och heligt leverne

UNDERLÅTELSE ATT ERKÄNNA GUD GENOM HEDER OCH VÖRDNAD

Vi måste ständigt hålla i minnet att den mest centrala sanningen om Gud, vår Fader, är att Han är helig.

Den ene ropade till den andre: Helig, helig, helig är Herren Sebaot. Hela jorden är full av Hans härlighet. Jes. 6:3

När vi vanhelgar Gud blir följderna förödande genom att vi går miste om målet. Vi kan göra det på mer än ett sätt. Låt oss se vad B ibeln lär oss på detta område. I Fjärde Mosebok kan vi läsa om hur en av Guds förnämsta tjänare som var en mycket ödmjuk man, mer än någon annan människa på jorden, nämligen Moses. Han stal verkligen en del av Guds härlighet och underlät att lyda och erkänna Gud vid ett tillfälle. Trots att man skulle kunna tycka att Moses borde veta bättre, men detta hände med Moses och Aron. Så här sa Gud till Moses:

Men Herren sade till Mose och Aron: "Eftersom ni inte trodde på mig och inte höll mig helig inför Israels barns ögon, därför skall ni inte få föra denna församling in i det land som jag har gett dem." 4 Mos. 20:12

Vi känner till att följden blev att Moses och Aron inte fick uppleva att föra Israels folk in i det förlovade landet. Det var alltså följden av det som hände efter denna enskilda episod. Så allvarligt ser Gud på denna typ av underlåtenhet att ge Honom hela äran.

Det andra exemplet är taget från Tredje Mosebok 10:1-4. Här berättas det om Arons söner och hur dom offrade främmande eld inför Herrens ansikte. Något som Herren inte hade befallt dem att göra. Främmande eld kan betyda världslig, hädisk eller vanvördig. Detta

145

fick verkligen förödande konsekvenser, ända till döds. Eld gick ut ifrån Gud och uppslukade dem och de dog inför Guds ansikte. De offrade främmande eld och det finns många olika förklaringar till vad detta var. Elden på altaret fick aldrig slockna, (3 Mos. 6:12-13) och skulle betyda att den var helig. En förklaring är att Nadab och Abihu hämtat kol av eld till altaret från fel källa.

På det sättet gjordes offrandet oheligt. En annan förklaring är att det var gjort vid fel tillfälle. Vilken förklaring som är korrekt har egentligen ingen betydelse. Vad som har betydelse är att dom var instruerade hur dom skulle förfara men trots detta gjorde dom någonting annat. Det var alltså en handling utan respekt för Gud och hans vilja. Han hade precis talat till dem om hur dom skulle förfara vid offrandet.

Det är så lätt för oss att bli vana med att vara olydiga och göra saker vår egen väg för att det är det mest bekväma. När vi medvetet och oförsiktigt misshagar Hans vilja i våra liv så försätter vi oss i en farlig situation, därför att vi vet att det kan få konsekvenser som blir svåra att reda ut.

På vilket praktiskt och konkret sätt kan dessa två illustrationer, som visserligen är tagna från gamla Testamentet, ge oss uppenbarelse för idag? Vi har ju inte samma förfaringssätt när det kommer till att offra och att använda altareld. Den likheten får jämföras med vår lovsång och bön i kyrkan. När det är lovprisning kan vi t.ex. inte använda världsliga sånger och inte heller sånger som har till uppgift att bara vara sånger. Vad bönen beträffar så gäller samma sak och frånvaron från utlysta bönemöten är ju en flagrant negativitet. Att bara besöka kyrkan och inte deltaga är en annan praktisk likhet. Att över huvud taget inte göra som gudsordet säjer är att underlåta att respektera och erkänna Gud. Vi måste räkna med och förstå att det blir konsekvenser. Vi lever i en tid när så mycket förklaras "mänskligt sett" och vi engagerar oss i så mycket annat. På detta sätt tar vi äran från Gud. Vi uppträder trolöst, ovördigt och helgar inte Gud, exakt som Gud sade till Moses och Aron.

ATT HELGA HANS NAMN

Det är först när vi vet och kan helga Gud i våra hjärtan och kan överföra helgandet till vår livsstil och vardag som vi kan helga Gud i vårt böneliv. När vi strävar efter riktig och ärlig helighet måste vi ständigt rentvå oss själva, både köttsligt och andligt och göra det i fruktan av vår Gud.

Vi kanske måste lägga ner mer ansträngningar i vissa områden i våra liv. Bibeln säger "Var helgad i allt du företar dig." När vi ständigt försöker vara i Hans närhet så vet vi att Hans närhet kommer att avslöja sanningen om oss själva. Vi kan då frambära bättringens frukter, rentvå oss själva från all ogudaktighet, ta emot förlåtelse och bli heliggjorda och helgade liksom Han är helig. Jag talar om uppriktig hängivelse som kräver total överlåtelse.

Ty med ett enda offer har han för all framtid fullkomnat dem som blir helgade. Hebr. 10:14

Att helga Hans namn betyder en relation som gestaltar sig i att ha sann kunskap om Hans vilja och vem Han är. Att tillägna sig kunskapen om Gud bevisar att man värderar och högaktar Gud genom en levande tro.

Den som äger insikt har en källa till liv, att fostra dårar är dårskap. Ords. 16:22

Nedvärdering är det motsatta och blir uppenbarad när en person medvetet ignorerar Guds ord eller tror på en falsk doktrin. Du kan tänka en tanke om Gud som inte är sann eller du kanske tvivlar på Honom, misstror och ifrågasätter Honom. Det gör det omöjligt och du kan inte helga Hans namn. När vi inte visar något intresse eller avvisar Guds väg så kan vi inte heller helga Hans namn. Följaktligen kan vi heller inte behaga Honom.

En väg kan synas rätt för en människa, men dess slut kan leda till döden. Ords. 16:25

Utan tro kan ingen finna nåd hos honom. Ty den som vill nalkas Gud måste tro att han finns och att han lönar dem som söker honom. Hebr. 11:6

Sträva efter frid med alla och efter helgelse. Ty utan
helgelse kommer ingen att se Herren. Hebr. 12:14

Innan vi lämnar det här ämnet som har med vanvördighet att göra (som står i vägen när vi försöker helga Hans namn) har Du säkert upplevt eller kanske Du själv agerar så här. Någon säjer "Gud gjorde inte detta" eller "Gud gjorde detta i mitt liv" när den faktiska sanningen är att Gud inte hade någonting att göra med situationen.

Människor kan blanda in Gud, enligt deras egna idéer i situationer som är uppdiktade. Ibland till den grad att Gud blir beskylld för saker som Han är oskyldig till. När detta händer missbrukas Guds namn. Man kanske avfärdar denna händelse med att det kanske bara är oförstånd,om det är oförstånd att missbruka Herrens namn är det hög tid att sluta med det och bli förståndig.

Den förståndiges hjärta söker kunskap, dårars mun
närs av dårskap. Ords. 15:14

Även Job blev skyldig till anklagande synd när han sade:

Du förvandlas för mig till en grym fiende, med din starka hand
plågar du mig. Du lyfter upp mig i stormvinden och för mig bort,
och i bruset låter du mig smälta bort av ångest. Job 30:21-22

Den engelska översättningen säjer i vers 22 "Du förstör min framgång" (You spoil my success). Vi kan förstå att det är omöjligt att vörda Gud, att kunna helga Hans namn om vi inte känner Honom och Hans karaktär. Hans vilja för oss är enbart god. När vi inte ständigt tillbringar tid i Hans närhet som ett sätt att leva, att Han är del av oss och vi av Honom. Man kan inte försvara sig med att påstå att man inte visste detta p.g.a. utebliven kunskap eller förnekande av den kunskapen. Att bli förkastad av Gud, måste var förfärligt, även mer så när man blir medveten om det.

Det är förbi med mitt folk, därför att det ej får någon kunskap.
Men eftersom du har förkastat kunskap, därför skall också jag
förkasta dig, så att du upphör att vara min präst. Och så som du
har glömt din Guds lag, så skall också jag glömma dina barn.
Hos. 4:6

Detta är allvarligt. Vi kanske inte varit medvetna om den här faran tidigare. Det är därför allt mer viktigt att Du kan förnya Ditt sinne att bli överlåten till denna sanning. I mer allmänna ordalag kan man uttrycka det så här: att vår Faders namn är helgat när vi uppträder och lever på ett sätt som stämmer överens med Ordet och Hans vilja. Motsatsen är när vi är olydiga vår Gud och Fader. Då finns det inget utrymme för att helga Hans namn. Vår kapacitet att vörda Honom tynar bort.

Det är därför vi behöver den helige Ande som tålmodigt leder och hjälper oss till omvändelse, bättring och renhet så att Guds ord får genomslagskraft i våra hjärtan. Vi lever i en värld där respekt och vördnad i stort försvunnit från våra liv och vi som kristna måste vara på vår vakt så att vi inte hamnar där och får en sådan attityd. Detta uttalande kan verka gammalt och rostigt men faktum är att det blir mer och mer aktuellt ju äldre denna bok blir.

Det är underbart att kunna ha en sådan tillgång som Guds ord och att kunna räkna med den helige Andes hjälp och att vi är rättfärdiggjorda genom nåd.

och utan att ha förtjänat det blir de rättfärdiga av hans nåd, eftersom han har friköpt dem genom Kristus Jesus. Gud har låtit hans blod bli ett försoningsoffer för dem som tror. Så ville han visa sin rättfärdighet, eftersom han förut hade lämnat synderna ostraffade. Rom. 3:24-25

Sammanfattningsvis när vi nu möter vår Fader i bön, när vi har de rätta tankarna om Honom och lever ett rättfärdigt liv kan vi helhjärtat uttrycka oss "helgat varde Ditt namn" därför att vi vet vad som ligger bakom dessa ord. Medvetet kan vi nu fortsättningsvis invitera Honom till varje tanke ord och aktivitet och genom detta sanningsenligt helga vår Fader och Gud i likhet med vad David gjorde:

Jag sade: "Jag vill tänka på vad jag gör, så att jag inte syndar med min tunga, jag vill tänka på att tygla min mun, så länge den ogudaktige är för mina ögon." Ps. 39:1

Jag har haft Herren för mina ögon alltid, ja, han är på min högra sida, jag skall inte vackla. Ps. 16:8

När man alltid har Herren inför sina ögon, betyder att man lever med Hans närvaro eller vandrar i Anden. Då blir uttrycket "bed alltid" och lova Hans namn relativt naturligt. Vi behöver bli påminda om att lyssna in i vårat sinne hur Gud tänker och få visshet på vilket sätt Gud förvandlar vår personlighet till att bli mer like Jesus. Lydnad är frukten av fostran.

Det är att helga och vörda Honom enligt Hans ord. Från Johannes Uppenbarelse 1:5-6 omgjort till första personen singularis läser vi,

"Han som älskar mig och har friköpt mig från mina synder med sitt blod och som har utvalt mig till sitt konungadöme, till präst åt Sin Gud och Fader."

Alltså har jag som präst, ett ansvar att utföra min bön i enlighet med Hans vilja, enligt Hans väg. "Men kan man inte få be som man vill, är det inte det som är personligt och skapar relation?" Det är just detta som vi har så svårt för att lära oss, därför att det är för lite utbredd kunskap på detta område. Var och en beder efter sina egna principer. Att vara ärlig, öppenhjärtig och frispråkig i sin bön är bra men inte tillräckligt.

*Ni kämpar och strider. Ni har ingenting, därför att ni inte ber. Ni ber men får ingenting, **därför att ni ber illa;** ni vill bara tillfreds-ställa era begär.* Jak. 4:2-3

Bönen är det verktyg eller kommunikation som vi har med Gud och som sätter Guds händer i rörelse. Men ett verktyg måste användas efter tillverkarens, Guds instruktioner, annars fungerar det inte. Trycka på knappen räcker liksom inte Det måste vi ju kunna förstå och ta till oss? Kan vi be illa, så måste det finnas ett rätt sätt.

Det är i huvudsak två områden som distraherar oss när vi ber, den ena är att våra tankar vandrar iväg med oss den andra är att vi inte använder oss av Hans namn som Han har delgett oss i Bibeln. Vissa förkunnare påstår att det räcker med namnet Jesus, varför har vi då fått så många namn? Definitivt är Jesus namnet över alla andra namn. Tänk till, be om visdom och lär.

Eftersom vi är präster har vi ansvar att utföra våra böner i enlighet med hans vilja, enligt Hans väg. Varför skulle Han annars lära oss på så många ställen i Bibeln. Köttets förmåga att ta över, även när det gäller våra böner är ibland mycket påtaglig, och följaktligen behagar inte Gud. När vi använder Hans namn så uttrycker vi Hans karaktär och person vilket i sin tur skapar närhet, realitet och intimitet. I början kanske vi tycker att det verkar tillgjort och ovant, enbart det belyser vad det är som behövs eller hur? Det är förunderligt hur mångfacetterande Hans namn verkligen är och hur det beskriver Honom och Hans fullkomlighet.

Det behagar Honom att vi kan ta till oss detta och införliva det i vårt sätt att uppleva och erkänna Honom vår Fader och Gud.

Varken det ena eller det andra av de här omnämnda områdena som hindrar oss i våra böner kan bearbetas, med någonting annat än tålmodigt, lydigt inlärande disciplin, som är grundat i hjärtats glädje att vara Honom till lags. Det blir då ett fruktbärande böneliv, inspirerat av den helige Ande till glädje för vår Herre skaparen Elohim. Han som är och som var och som kommer, den Allsmäktige Gud vår Fader av vår Herre Jesus Kristus.

Så kan vi ta med oss ord när vi kommer inför Honom i bön. Det är inte nödvändigt att blunda, när man ber. Man kan ha manuskript eller ord, böner som är nedskrivna eller kopierade från Bibeln, som leder oss, men hjärtat måste vara med, därför att Gud ser till våra hjärtan. Framförallt att vi lyssnar till Honom. Tag med er ord och vänd åter till Honom, som det står i Hosea 14:3. Böneord som är tagna från Bibeln, som blir utryck för våra förlossade hjärtans fulla mening.

Återigen, den här insikten är till för att berika vårt personliga böneliv, naturligtvis kan man be utan nedskrivna ord också, med egna formuleringar som är hämtade från Bibeln. Orden vi använder i såväl våra böner som annars har avgörande betydelse. Den principen är välgrundad i Bibeln.

Nu skulle härskarna och makterna i himlarymderna genom kyrkan (dig och mig) *få kunskap om Guds vishet i hela dess mångfald. Detta var den avsikt med världen som han förverkligade i och med Kristus Jesus, vår herre. I Honom och genom tron på honom kan vi frimodigt och med tillförsikt träda fram inför Gud.*

Ef. 3:10-12

Här följer några förslag till böner som är sammanställda av olika kombinationer som är hämtade direkt ur Bibeln, men du kan göra dina egna kombinationer som då känns mer personliga, glöm inte att ge tid för att lyssna också. Lydnad är frukten av fostran.

BEDJEN GENOM ATT FRAMHÅLLA OCH HYLLA GUDS NAMN

Regelbundet varje morgon innan du företar dig någonting annat

Välsignad är Du min Fader Gud och Herren Jesus Kristus i vilkens namn jag ber, jag lyfter min blick, och mina händer och tar ord med mig och frimodigt kommer inför Dig i ande och sanning, genom Jesu blod. Låt min bön komma till Dig Gud som en välluktande doft, som behagar Dig och välkomna mitt lov och hyllning Ditt namn till ära. Ditt underbara namn är överväldigande och mäktigt. Prisat vare Ditt namn.

Herre Du som är livets Bröd, den klara Morgonstjärnan, tidigt om morgonen hör Du min röst, om morgonen vänder jag mig till Dig med de första orden som kommer över mina läppar. Innan jag har talat till någon annan, ja innan mina tankar börjar vandra. Jag vill ära Dig högtlovad Herre Jehova Shalom Gud Du är Frid, lyssna till mig, Du har utvalt mig, jag tillhör Dig nu och för evigt.

Helgat är Ditt namn, tillkomne Ditt rike, låt Din vilja bli i övrenstämmelse med Dina befallningar. Bespara mig prövningar, och skydda mig från den onde. Du är Jehova Shama Gud den närvarande. Du är närvarande genom att den helige Ande bor i mig, Ja, Du har givit mig Hjälparen som ett löfte ett sigill. Prisat vare Din härlighet och ära.

Mina synder är alltid framför mig, förbarma Dig och förlåt mig. Du har givit mig, Ditt eget barn förlossning genom Jesu blod och genom detta blod har Du renat mig från all min synd, min tacksamhet finner inga gränser. Heligt och väldigt är Ditt namn Jehova Magodeskim Gud Du som helgar mig, så att jag kan jubla och vara glad i Dig i dag och alltid, högtlovad Gud och Fader.

Min tacksamhet är stor Elohim min Skapare Gud och i Din närvaro är härligheten fulländad, dana i mig ett rent hjärta o Gud och förnya en rättfärdig ande i mig. Jag välsignar Dig och gläds för att jag kan lägga hela min förtröstan i Ditt heliga namn. Du har gjort mig till medarvinge, så att jag nu tillhör Din familj, El Elyon Gud Dig som allt tillhör både i himmelen och på jorden. Ditt namn till ära, nu och för evigt.

Allsmäktig Fader Gud. Mottag mina välsignelser, lovets offer, frukten från mina läppar, för att jag älskar Dig. Evigheternas Konung, Du den Oförgänglige, osynlige, ende Guden, Dig vare ära och pris i evigheters evighet. Gud, Du den ende vise, tillhör äran genom Jesus Kristus, i all evighet. Min själ fröjdas i Dig min Gud, för Du har klätt mig i frälsningens klädnad och Du har överhöljt mig med rättfärdighetens kappa Jehova Tsidkenu Gud min rättfärdighet.

Jehova Nisse Gud mitt baner, Låt mig få ära Dig och åkalla Ditt förhärligade namn. Med villigt hjärta vill jag offra till Dig, jag vill prisa Ditt namn Herre för det är gott. Låt mig ständigt genom Jesus alltid frambära lovets offer till Dig Gud, en frukt från mina läppar som lovprisar Ditt namn, ord som jag uttalar av tacksamhet Ditt Heliga namn till ära Du är fullheten som fyller allt i mig. Jehova Jireh Gud som tillfredsställer alla behov, som ger mig allt. Jag vill prisa Din härlighet och ära Dig, Halleluja.

Av Herren, genom Herren, och till Herren är allting, jag överlämnar mig totalt i Dina händer, Du är Vägen Sanningen och Livet. Visa mig hur jag vandrar den Vägen, lär mig hur jag talar den Sanningen, och led mig hur jag lever det Livet. För att den härliga nåd som Du har skänkt mig i den Älskade Jesus skall prisas. Jag känner Ditt Namn och hur oerhört stor Din makt är i mig som tror, därför att Din väldiga kraft är verksam nu.

Var en klippa för mig där jag kan bo, dit jag alltid kan komma, Du som givit befallning om min frälsning Du mitt Bergfäste och min Borg. Jag vill vara nära Dig, med ett sant och rent hjärta, för Du min Fader och Gud skall aldrig överge mig som söker Dig, Du förlåter all min synd, och helar mig från alla sjukdomar, invändigt, utvändigt, mentalt och kroppsligt. Ditt namn är Jehova Rapha Gud som helbrägdagör, högtlovad vare Du barmhärtige Gud .

Jehova Raah Gud min Herde, tag emot mitt tacksägelseoffer, Du leder mig på rätta vägar för Ditt nams skull, så vinner jag seger i Jesus Kristus, Stöd mig så att jag blir frälst och ständigt kan hålla mig till Ditt ord. Du är det Levande vattnet, Du är mitt försvar, och min Sköld, Låt min muns frivilliga offer glädja Dig Herre.

Ditt ord är mina fötters lykta och ett ljus på min stig. Om inte Din undervisning varit min glädje hade jag förgåtts i mitt elände. Så vill jag uppfylla mina löften till Dig Herre och offra lovets offer med tacksamhet för all Din hjälp, jag räknar med att Du fortsättningsvis skall smörja mig med Din Ande till visdom och uppenbarelse till kunskap om Dig själv. Så kan jag bli helt uppfylld av Din fullhet, för Ditt namns skull.

Helige Ande hjälp mig att bli utrustad att utföra min tjänst, så att Kristi kropp blir fulländad, tills vi alla når fram till enheten, till ett sådant mått av mognad att vi blir helt uppfyllda av Kristus. Jag tror att du gör helt efter Ditt ord, att Du förmår göra långt mer än allt jag ber om eller tänker, genom den kraft som mäktigt verkar i mig. Prisat vare Ditt underbara namn. Samma kraft som reste Jesus Kristus från döden. Halleluja. Amen.

Läran om Bön - Del Tre
"KOMME DITT RIKE"

Vår Fader i himmelen har menat att vi skall var en dyrbar egendom för Honom, men det är vissa skyldigheter som måste uppfyllas. Resultatet får faktiskt följder för människor i vår närhet, likväl som för oss själva. Att bli ett sådant egendomsfolk eller prästerskap förpliktar, och vi måste bejaka förmånen att förnya våra sinnen även på detta område. Låt oss bli öppen att ta emot den helige Andens ledning så att Ordet får förvandla oss.

Om ni nu hör min röst och håller mitt förbund, så skall ni vara min egendom framför alla andra folk, ty hela jorden är min. Och ni skall vara mig ett rike av präster och ett heligt folk. Detta är vad du skall tala till Israels barn. 2 Mos. 19:5-6

På ett tidigt stadium lade Gud ned detta förhållande för sitt folk, det bekräftas på flera ställen i Bibeln som t.ex. 5 Mos. 7:6, 14:21 och 26:19 för att nämna några ställen. Nu är ju vi del av detta egendomsfolk enligt det nya förbundet.

Han har förutbestämt oss till att få söners rätt genom Jesus Kristus och förenas med honom – det var hans viljas beslut.
Ef. 1:5

Då blir också ni till levande stenar i ett andligt husbygge. Ni blir ett heligt prästerskap och kan frambära andliga offer som Gud vill ta emot tack vare Jesus Kristus. 1 Petr. 2:5

Sådana människor har Gud förutbestämt att vi skall vara. Ett heligt prästerskap, som enskilda individer, som församling och som nation. Vi skall vara Hans rike, så när vi ber "komme ditt rike" så erkänner vi följande:

- Vi är Hans egendomsfolk
- Vi är Hans rike av präster
- Vi är Hans tempel, de levande stenarna
- Vi är Hans kungadöme

Här talas det inte om det prästerskap som allmänt är känt i alla kyrkosammanhang, utan det är vi alla som är födda på nytt och har en levande tro, vi är dessa heliga präster.

Och från Jesus Kristus, det trovärdiga vittnet, den förstfödde från de döda och härskaren över jordens kungar. Han som älskar oss och har löst oss från våra synder med sitt blod och som har gjort oss till ett kungadöme, till präster åt sin Gud och fader, honom tillhör härligheten och väldet i evigheters evighet, amen.
Upp. 1:5-6

VÅR NUVARANDE SITUATION

"Komme Ditt rike" menas ju att vi är detta rike av präster, som skall presentera och framföra Guds rike till den övriga världen. Genom den helige Ande kan vi faktiskt genomföra denna häpnadsväckande uppgift. Genom många olika varianter, och kombinationer av traditioner och program så har vi blandat in Hans rike med kungarikena av denna världen.

Vi förleder och förvirrar människorna i världen genom att representera ett delat kungarike, lite av världen och lite av kyrkan, genom det sätt vi uppträder.

Om vi verkligen genomskådar våra värderingar, och det sätt vi applicerar dem i våra liv. Oavsett vilken situation vi befinner oss i, och jämför det med Ordet. Så har vi kanske anledning att diskvalificera oss genom det sätt som vi blandar in världens värderingar med de bibliska. Det är omöjligt att leva i ett samhälle och inte vara påverkad av det, det är sant, men det får inte påverka oss till den grad att vi blir klentrogna och passiva.

Ni trolösa, vet ni inte att vänskap med världen betyder fiendskap med Gud? Den som vill vara vän med världen blir fiende till Gud. Jak. 4:4

Världens ordning-system står ständigt i motsats till Guds rike, så när vi blandar ihop dem är vi ohörsamma och blir Guds fiender och skapar villrådighet.

Därför att vi kan ju inte gå Guds ärenden, när vi är Hans fiende. Det skall inte förvåna oss, när vi inte har tillväxt i våra kyrkor. Jesus var väldigt klar i sin framtoning på detta område när han sade, **"Mitt rike är inte av denna världen."**

> *Och alla folk på jorden skall se att du är uppkallad efter Herrens namn, och de skall frukta dig.* 5 Mos. 28:10

Om Guds rike vore en verklighet i våra kyrkor, då skulle ju ett sådant bibelord som *"de skall frukta dig"* vara en helt annan realitet. Det allra minsta man kunde förvänta sig var att världens människor skulle uppmärksamma kyrkan mer och ta den på allvar. Defenitivt skulle kyrkan ha en avgörande roll i vårat samhälle. Tråkigt nog är ju verkligheten det motsatta.

Mellan 1985 och 1999 gjordes en undersökning av den frikyrkliga medlemsantalets förminskning i Sverige, inte mindre än 94.415 människor hade lämnat, det är ungefär lika många som hela pingströrelsen eller en tredjedel av alla troende. Svenska kyrkan minskade från 5,3% 1927 till 1,2% 1999. Siffrorna hämtade från tidningen Nya Dagen 16 Maj 2002.

Låt oss inse den verklighet vi lever i, utan att bli förtvivlade. Samma problem och motsättningar som försiggår i världen eller i samhället i stort, försiggår också i våra kyrkor. Man har i en undersökning i Kalifornien upptäckt att det förekommer mer skilsmässor inom kyrkan än utanför.

Vad som alltså styr samhället vi lever i är samma saker som styr i kyrkan, eller mer förtydligat, mammon och "the show must go on." Det finns inget mänskligt rike oavsett vad namnet på kyrkan eller samfundet heter eller ett samhälls-sytem som kan agera i samförstånd med Guds rike så länge som vi som människor fungerar separat från Guds rike och inte följer Bibelns fundamentala principer.

När vi ber "komme Ditt rike" så involverar det en totalt annorlunda standard än den som denna världen står för. Helvetets portar kommer aldrig att stå emot Guds rike. Så nu kanske du bättre förstår när jag tidigare nämnde:

157

Vi förleder och förvirrar människorna i världen genom att representera ett delat kungarike, lite av världen och lite av kyrkan, genom det sätt vi uppträder. Vilka doktriner samfundet eller kyrkan som du tillhör står för är klart viktigt, men det betyder inget när inte du som medlem har ett liv som gestaltar Guds rike.

Så låt oss inte bli nedstämda och förlora modet av den nuvarande situationen, utan låt oss bli rotade i sanningen av Ordet och verkligen vinnlägga oss om att bli annorlunda, genom att inte förlika oss med den nuvarande situationen. Utan genom den helige Andes kraft förnyas.

Måtte han i sin härlighets rikedom ge kraft och styrka åt er inre människa genom sin ande, så att Kristus genom tron kan bo i era hjärtan med kärlek. Stå fasta och var stadigt rotade i honom, och hur oerhört stor Hans makt är i oss som tror, därför att Hans väldiga kraft är verksam. Ef. 3:16-17, 19

Det är genom kyrkan-församlingen det skall ske, som Hans rike skall verkställas här och nu. Inte genom någon enskild utan vad varje med-lem bidrar, och verkar.

Nu skulle härskarna och makterna i himlarymderna genom kyrkan få kunskap om Guds vishet i hela dess mångfald. Ef. 3:10

DET ÄR VI SOM ÄR SKILLNADEN

Eftersom det är vi som är Guds kungadöme så är det ju helt klart att vi skall vara signifikativt annorlunda människor, som är totalt annorlunda än resten av världen. Genom att vi skall vara helt uppfyllda av all Guds fullhet. Lydnad är frukten av fostran.

Ni var döda genom era överträdelser och synder den gång ni levde i dem på denna tidens och världens vis och lät er ledas av fursten över luftens rike, över den andemakt som nu är verksam i olydnadens människor. Sådana var vi alla en gång, då vi följde våra mänskliga begär och handlade som kroppen och våra egna tankar ville, och av födseln var vi vredens barn, vi som de andra. Ef. 2:1-3

Så Gud sade: "Och ni skall vara mig ett rike av präster och ett heligt folk."

Varför utvalde Gud oss? Därför att han älskar oss:

Men Gud som är rik på barmhärtighet har älskat oss med så stor kärlek också när vi ännu var döda genom våra överträdelser, att Han har gjort oss levande tillsammans med Kristus. Ef. 1:4-5

Och från Jesus Kristus, det trovärdiga vittnet, den förstfödde från de döda och härskaren över jordens kungar. Han som älskar oss och har löst oss från våra synder med sitt blod och som har gjort oss till ett kungadöme, till präster åt sin Gud och fader, honom tillhör härligheten och väldet i evigheters evighet, amen.
Upp. 1:5-6

Detta måste ju med all tydlighet och tolkning menas att vi måste definitivt vara annorlunda sorts människor, totalt till skillnad från den övriga världen som inte tillhör Guds rike. Därför uttrycker sig Gud så här:

Ack att de hade sådana hjärtan, att de alltid fruktade mig och höll alla mina bud! Det skulle ju då gå dem och deras barn väl evinnerligen. 5 Mos. 5:29

Återigen i nya testamentet:

Så att ni blir oförvitliga och rena, Guds fläckfria barn mitt i ett ont och fördärvat släkte, där ni lyser som stjärnor på himlen.
Fil. 2:15

VI ÄR SKAPADE FÖR HONOM, ENBART FÖR HONOM

Det folk som jag har danat åt mig skall förkunna mitt lov. Jes. 43:21

Därför att vi enbart är danade för Honom, skall vi lovprisa, ära och helga Honom. Vår Fader har gjort det väldigt klart, att vi som är Hans kungadöme som är kallade ut ur mörkret in till Hans underbara ljus skall leva i överensstämmelse med Hans vilja på alla områden i våra liv. Om det inte är så eller att vi ständigt strävar efter det målet, kan det vara troligt att vi är styrda av ett annat rike, att våra intressen är felinriktade. Vi måste reda ut en del av de motgångar som möter oss, därför att motgångar möter oss alla på det ena eller andra planet, och som i regel grundar sig i otro.

Vilka gällde eden att de inte skulle komma in i hans vila, om inte dem som hade vägrat att lyda? Så ser vi att det var för sin otro som de inte kunde komma in. Hebr. 3:18-19

Tro och lydnad är oskiljaktigt. Motgångar och otro går hand i hand.

Låt oss alltså se till att ingen av er tror sig vara för sent ute, medan löftet att få komma in i hans vila ännu står kvar. Också vi har fått del av det glada budskapet alldeles som de en gång. För dem som då hörde ordet var det till ingen nytta, eftersom de inte tog emot det i tro. Hebr. 4:1-2

Det är alltså vi som tror och är lydiga som går in i vilan. Kära du som är delaktig i den himmelska kallelsen, detta är vårt erkännande "komme Ditt rike" till Hans majestät, låt min hyllning frambära. Ren och helig ge Honom ära, Konung över alla konungar. Det finns ingenting som kan jämföras med den längtan jag har för Dig min Herre Jesus Kristus.

"Komme Ditt rike" och allt som detta innebär i form av tillgångar och skyldigheter. Vi välkomnar rättfärdighet, frid och glädje i den helige Ande. Det försätter oss i en realitet och aktivitet i vår tjänst som konungsliga präster, som i sin tur skickar oss att dagligen bära fram och offra våra läppars offer av bön och tacksamhets offer till Honom. När vi tagit till oss och förstått detta, förstår vi också att det är inte gjort på fem minuter, utan det kräver speciell tid avsatt enbart för detta syfte dagligen varje morgon. Din reaktion blir kanske att du hinner inte med detta. Det betyder kanske att du måste stiga upp tidigare så att du hinner med att leva upp till din kallelse, för det kan ju inte finnas något som är viktigare än det. Om du sedan tycker att det är en prestation i sig själv att stiga upp tidigare för bönens skull, så kommer Gud att välsigna den prestationen, låt inte bekvämlighet styra dig, det hör faktiskt inte till Guds rike.

Jesus svarade: "Den som ser sig om, när han har satt sin hand till plogen, han passar inte för Guds rike." Luk. 9:62

Demas har av <u>*kärlek till denna världen*</u> *övergett mig och rest till*
Thessalonike. Crescens har farit till Galatien och Titus till
Dalmatien. 2 Tim. 4:10

Vi måste ständigt vara på vår vakt, därför att denna tidens ande är
ond och ju mer tid vi ägnar åt värdsliga värderingar desto mindre tid
har vi för Gud. Bekvämlighet och underhållning hör inte till Guds
rike.

LÅT OSS PRAKTISKT GÖRA "KOMME DITT RIKE"

Det är trosstärkande att ha förvissningen vilken det är som har frälst
oss, friköpt och kallat oss med en helig kallelse, inte efter människors
sätt att se det (och det är många).

Men Han kallade oss i enlighet med Sin plan till Sitt kungadöme.
Här igen vill jag påminna om att vi håller oss till den välgrundade
sanningen i Jesu uttryck när Han lärde oss att be med orden
"Komme Ditt rike." Vi kan inte nog betänka vad det innebär rent
praktiskt.

När vi nu är övertygade och fullt förvissade om att Gud har gjort oss
till konungsliga präster för Honom, att vi skall framställa oss själva
som ett heligt offer, att glorifiera Honom i allt vad vi företar oss.
Vilket betyder att praktiskt leva ut vår tro, genom att lyda och göra
som Han säger, att visa prov på den kärlek vi så gärna vill uttrycka
efter det mönster som Han visar oss i Bibeln.

Därför ber jag er, bröder, vid Guds barmhärtighet, att frambära
er själva som ett levande och heligt offer som behagar Gud. Det
skall vara er andliga gudstjänst. <u>*Anpassa er inte efter denna*</u>
<u>*världen*</u>*, utan låt er förvandlas genom förnyelsen av era tankar, så*
att ni kan avgöra vad som är Guds vilja: det som är gott, behagar
honom och är fullkomligt. Rom. 12:1-2

<u>*Sök först hans rike*</u> *och hans rättfärdighet, så skall ni få*
allt det andra också. Matt. 6:33

Hur utomordentligt framstående klart Hans Ord är, det behöver ju inte någon tolkning, annat än den som den helige Ande gör i varje enskilt hjärta.

- **Ditt** rike skall komma
- **Din** vilja skall ske
- **Ditt** är kungadömet
- **Din** är makten och härligheten i evighet
- **Du** är rättfärdighet
- **Du** är vägen, sanningen och livet

Vad vi skall göra, när vi praktiskt skall göra Hans ord, är att fokusera på Honom vår Herre Jesus Kristus. Det heter att vi skall samla tillgångar i himmelen, för där våra tillgångar finns där finns vårt hjärta. Både denna världen och himmelen är hans domäner, so det bästa är att fokusera på Honom. Han har ju lovat oss att Han skall fylla alla våra behov. Men trots alla löften och tydliga bevis om att Han älskar och tar hand om oss i livets alla skiftningar, så är våra tendenser att vi bygger våra egna kungadömen. Våra liv är baserade på regler och levnadsformer av denna världen. Vi sätter vår standard. Jag talar i stort om kyrkan (församlingen) när jag uttrycker "vi bygger våra egna kungadömen." När vi istället borde riva ner dem Jag vill uttryckligen rekommendera att sluta upp med att göra detta, vi missar målet totalt, resultatet är ju tydligt. Vänd om till Herren och Herrens väg genom att göra "komme Ditt rike." Jesus talade in till denna situation om att blanda världen med kyrkan:

> *Inte alla som säger "Herre, herre" till mig skall komma in i himmelriket, utan bara de som gör min himmelske faders vilja. På den dagen skall många säga till mig: "Herre, herre, har vi inte profeterat i ditt namn och drivit ut demoner i ditt namn och gjort många underverk i ditt namn?" Då skall jag säga dem som det är: "Jag känner er inte. Försvinn härifrån, ni ondskans hantlangare!"*
> Matt. 7:21-23

"LÅT OSS" BETYDER AKTIVITET

"Låt oss," har en direkt anknytning till att göra något, även om du känner att du nu vet vad det här betyder så skall vi avsluta den här delen med lite mer av tillförsikt i det här ämnet. Eftersom han vill fylla alla våra behov, så är det självklart att vårt gensvar blir att transformera våra liv och tillbringa mera tid med att göra Hans ord till en verklighet och realitet i våra liv.

Mina kära barn, detta är de löften vi har. Låt oss därför rena oss från allt som befläckar kropp och ande och i gudsfruktan nå fram till helighet. 2 Kor. 7:1

Låt oss betyder alltså aktivitet, att göra, att prestera och i detta fall: låt oss rena oss. Sedan om vi inte vet hur, då måste vi verkligen lägga manken till, därför att om Guds ord uppmanar oss att göra något för att nå fram till helighet i gudsfruktan och vi inte vet hur vi praktiskt skall genomföra det. Då är det absolut ingen mening med att ta till sig Guds ord. Vi får inte bli så "religiösa" att vi inte kan fungera rationellt och praktiskt, som vi nu har lärt oss.

Så nu kan vi avsluta den här delen "komme Ditt rike" med alla de rika förklaringar som den helige Ande har öppnat genom Ordet. Genom Hans styrkas kraft kan vi ta emot uppenbarelse att förstå fullheten av denna strof i vår bön.

Låt oss använda orden som apostel Paul använde:

Bröder, jag menar inte att jag har det i min hand, men ett är säkert: jag glömmer det som ligger bakom mig och sträcker mig mot det som ligger framför mig och löper mot målet för att vinna det pris där uppe som Gud har kallat oss till genom Kristus Jesus. Det är så vi skall tänka, alla vi fullkomliga. Och har ni en annan mening på någon punkt, skall Gud upplysa er även där.
Fil. 3:13-15

Läran om Bön - Del Fyra
"SKE DIN VILJA"

Vilken underbar lära, hur Gud vill att vi skall bedja, det är en fostringsprosess och den som fostrar och lär oss är den helige Ande. Så vi skall nu ta oss an nästa strof som Jesus lärde ut "ske Din vilja" på jorden liksom den sker i himlen. Han fortsätter att göra det verkligt tydligt och lätt att förstå när Han säger att det är Hans vilja som gäller. Eller att Hans vilja skall vara vår vilja för Han är i oss och vi är i Honom.

*Att göra din vilja, min Gud, är min lust, och din lag
är i mitt hjärta.* Ps. 40:8

Vilken härlig beskrivning av en perfekt situation! Detta är Guds mening,och vi skall välkomna och acceptera det fullt, verkligen vinnlägga oss om att applicera det till våra liv totalt och innerligt. Jesus var överlåten att göra Faderns vilja, och på samma sätt skall det vara vår attityd också. Jesus lade ned sin vilja genom att lägga ned sitt liv.

*Jesus sade: Min mat är att göra hans vilja som har sänt mig och
att fullborda hans verk.* Joh. 4:34

*Ty jag har inte kommit ner från himlen för att göra vad jag själv
vill utan för att göra hans vilja som har sänt mig.* Joh. 6:38

Vi har en tendens att be trots vår okunnighet, att inte vara medvetna om att Gud har en klar undervisning i detta ämne också,"ni ber men ni ber illa" står det. Vad vi behöver göra är att ändra en del av våra tankar och vanor, så att det stämmer med Hans. Anpassa en attityd att göra som Han vill med orden.

"Ske Din vilja." Vi kan avgöra vad som är Guds vilja genom att göra vad Hans ord säger att vi skall göra.

Anpassa er inte efter denna världen, utan låt er förvandlas genom förnyelsen av era tankar, så att ni kan avgöra vad som är Guds vilja: det som är gott, behagar honom och är fullkomligt.
Rom. 12:2

"Ske Din vilja." Helt och hållet efter Hans goda vilja är vi adopterade in till Hans familj och accepterad i Honom Jesus Kristus. Häri ligger hela vår identitet, vi skall aldrig vägra att acceptera till fullo denna underbara och härliga kärlek att bli den sorts människa, denna son eller dotter som Han bestämt för oss att vara. "Låt din vilja ske på jorden liksom i himmelen" - Ja, så vi finns här på jorden, så det måste bli gjort i oss och genom den helige Andes hjälp och lära. Han leder oss att lydigt foga oss in efter Hans vilja, för vi är Hans verk skapade i Hans avbild, i likhet med Jesus Kristus.

Man renar sin själ genom att lyda sanningen.

Vi är hans verk, skapade genom Kristus Jesus till att göra de goda gärningar som Gud från början har bestämt oss till. Ef. 2:10

Och tacka hela tiden Gud. Gör så, det är Guds vilja i Kristus Jesus. 1 Tess. 5:18

Då sade jag: Se, här är jag. Som det står skrivet om mig i bokrullen har jag kommit, Gud, för att göra din vilja. Hebr. 10:7

PASSIVE UNDERGIVENHET

När vi ber för att hans vilja skall ske, måste vi vara på vår vakt för att inte ha en attityd av passive undergivenhet nästan på gränsen till uppgivenhet. Vi kanske ber enbart för att han har sagt att vi skall be. Ibland kan vår bön bli en form av kapitulation och uppgivenhet. Vi har inga mer instruktioner och förslag att ge Gud i en speciell situation, det ser hopplöst ut, så vi tillåter Gud ta över genom att säga "ske Din vilja." Känner du igen den här hållningen. En annan troslös och skadlig attityd är att vi tänker att vår bön inte gör någon skillnad att hans vilja sker oavsett hur vi ber. Om det är så, betyder det att vi accepterar Guds vilja med en besegrad uppgiven attityd. Det kommer vi ingenstans med och det är att be illa. Trolösa böner skapar bekymmer.

Vårt böneliv blir fruktlöst och svagt om vi inte tror på vad vi gör, och det gör mer skada än nytta, när vi ber skall det vara med övertygelse och trosvisshet.

Även i den första kyrkan, när tro för det mesta var närvarande så kunde dessa saker hända att tro blev passiv och en trolöshet infann sig. Det här belyser vad jag menar:

Petrus hölls alltså fängslad, och i församlingen bad man ivrigt till Gud för honom. Apg. 12:5

Bönesvar kom och han blev frisläppt till deras häpnad.

Petrus fortsatte att bulta, och när de öppnade såg de till sin häpnad att det var han. Apg. 12:16

Överaskade och häpna var deras yttring som visade vad deras tro och förväntan var.

Genom att läsa hela stycket så får vi helhetsintrycket.De bad och svaret kom medan de var bedjande ,och när dom förstod sambandet så blev dom häpna, detta är en magnifik lektion.

Vid den tiden ingrep kung Herodes hårdhänt mot en del av medlemmarna i församlingen. Han lät halshugga Jakob, Johannes bror, och när han såg att judarna gillade detta, fortsatte han och lät också gripa Petrus; det hände under det osyrade brödets högtid. Efter arresteringen satte han honom i fängelse, bevakad av fyra vaktstyrkor om vardera fyra man, för att efter påsken ställa honom inför folket. Petrus hölls alltså fängslad, och i församlingen bad man ivrigt till Gud för honom.

Natten innan Herodes hade tänkt ställa honom inför rätta låg Petrus och sov mellan två soldater, bunden med två kedjor, och utanför dörren fanns vakter som bevakade fängelset. Då stod där plötsligt en ängel från Herren, och ett ljussken fyllde rummet. Ängeln väckte Petrus med en stöt i sidan. "Skynda dig upp," sade han, och då föll kedjorna från Petrus händer. Ängeln fortsatte: "Ta på dig bältet och sandalerna." Petrus lydde, och ängeln sade: "Svep om dig manteln och följ mig." Petrus följde med honom ut, men han förstod inte att det var verkligt, det som

skedde genom ängeln, utan trodde att det var en syn.De passerade
en vaktpost och sedan en till och kom till järnporten som ledde ut
till staden, och den öppnades för dem av sig själv. När de kom ut
gick de gatan ner, och då försvann ängeln.

Så snart Petrus hade sansat sig sade han: "Nu vet jag verkligen
att Herren har skickat sin ängel och räddat mig ur Herodes
händer, undan allt som det judiska folket väntat sig."

När han förstod hur det var, gick han till huset där Maria bodde,
mor till den Johannes som kallades Markus; där var många
samlade till bön.Petrus bultade på porten, och en tjänsteflicka
som hette Rhode gick för att låsa upp. Men när hon kände igen
Petrus röst, blev hon så glad att hon i stället för att öppna porten
sprang in och berättade att Petrus stod utanför. "Du är tokig,"
svarade de. Men hon stod på sig, och då sade de: "Det är hans
ängel." Petrus fortsatte att bulta, och när de öppnade såg de till
sin häpnad att det var han. Apg. 12:1-16

Vår attityd måste tydliggöra eller komma i dagen genom vår förväntan och tro. Alltså när vi är övertygade vad Hans vilja är måste det också bli mer tydligt uppenbart i vår bön. Genom att Hans vilja för våra liv är så underbar, så blir ju vår attityd en ständig lovprisning, tacksägelse och glädje i Vår fader och Gud. Han som skapat oss alla för Sin egen skull, för att ödsla sin kärlek över oss.

När Guds vilja verkligen kommer till uttryck i vårt böneliv, så kommer en tydlig skillnad att framtona. Tro och lydnad som leder till helgelse, bekräftar sanningen, och sanningen sätter oss fria att ta emot verkligheten som redan finns på det andliga planet. Löftena som aldrig skall vika.

Ge inte upp er frimodighet. Den skall rikligen belönas.
Uthållighet *är vad ni behöver för att kunna göra Guds vilja och*
få vad han har lovat. Hebr. 10:35-36

ATT BYTA UT VÅR VILJA MED HANS VILJA

- "Varför kan inte jag få be som jag vill?"
- "Har inte Gud gett mig min egen vilja?"
- "Måste man be på ett speciellt sätt?"
- "Jag vill be på mitt personliga sätt!"
- "Varför göra det så komplicerat?"

Om det här är en del av de frågor du kanske har, så är det verkligen uppenbart att du måste förnya ditt sinne. Innan vi kan be för Guds vilja ska bli gjord i våra liv, måste det bli en attityd av villighet. ödmjukhet och öppenhet. Här måste vi vara på vår vakt, därför att ett vanligt problem är stolthet, högmod eller högfärd som omedgörligt måste brytas ned.

Högmod förorsakade Satan att göra uppror mot Gud. Högmod förorsakar otroende att tillbakavisa Gud och troende att vara olydiga. Vår egen åsikt som inte baserar sig på gudskunskap är roten för vårt högmod. Genom det naturliga skeendet så växer sig högmod allt starkare ju äldre vi blir. Det kan även gå så långt att det tar formen av hårdnackad envishet och egensinnig påstridighet som tar sitt uttryck i nonchalans och okunnighet.

Som vi förstår så är det absolut inte vägen till en andlig mognad utan tvärtemot ett stort hinder. Apg. 17:30 har svaret, låt oss applicera detta till våra liv, det är mer än ett svar det är ett kommando, bara inte till troende utan till alla människor. Det är sällan man hör ordet synd nämnas i dessa uttryck av högmod, stolthet och högfärd, som definitivt är en attityd som framtonar i en människas liv på många olika sätt. Det är absolut en fruktansvärd och allmänt utbredd synd, som det finns bara ett sätt att bli av med, först att inse att den finns, sedan lägga av med den, ångerfullt och botfärdigt be Gud om förlåtelse, och inte göra om det igen.

En lång tid har Gud haft överseende med okunnighetens tider,
men nu befaller han människorna, alla och överallt,
att omvända sig. Apg. 17:30

Genom vår uppriktiga och verkliga tro måste vi vara fullständigt övertygade att denna befallning gäller oss personligen. Vi måste helt enkelt lägga av vår egen vilja för att Guds vilja skall regera oss totalt inom alla områden och som nu när det gäller bönen. När vi så blivit överlåtna i det, kan vi ta nästa steg, vilket betyder ett avgörande ett beslut att ändra på våra omständigheter. Det kan betyda en kamp för somliga, det kan bli lite knaggligt och besvärligt, men det vill ta form i oss om vi inte ger upp, Gud har inte bråttom och vi är alla så olika i våra inlärda vanor och begrepp.

Rent praktiskt så är det till stor fördel att ta lite då och då men att hålla det vid liv konstant så att en ständig men gradvis förändring äger rum. Det är därför vår Fader har förklarat det så väl genom den helige Andes ledning i Bibeln. Det finns prövningar som vi måste gå igenom, där vi bör använda oss av Jesu attityd.

"Fader, om du vill det, så ta bort denna bägare från mig. Men låt din vilja ske, inte min." Luk. 22:42

Inte förrän vi är villiga att offra vår vilja och göra våra liv till ett heligt offer genom att förnya vårt sinne så till den grad att vår vilja är utbytt med Hans, så är det klart och tydligt att Guds vilja inte kan bli manifesterad i våra liv.

Guds befallning kräver åtlydnad och avgörande beslut. Många andra situationer i våra liv kräver ständigt avgöranden, vi tar beslut som direkt styr våra liv i olika riktningar. Låt oss erkänna när Gud befaller något, accepter det för vad det är, en befallning eller order, utan att knorra och leta efter undanflykter.

"Komme Ditt rike" är ju relativt lätt att efterfölja och inrätta sig efter när vi lägger hela vår förtröstan i Hans händer, och Hans gränslösa tålamod hjälper och stöder oss. Hur kommer det sig att vi inte gör det? Svaret är också enkelt. Vi står emot Hans vilja genom att ständigt applicera vår vilja på så många områden i våra liv, även nu när vi sysslar med detta område av bön, så vill vi hellre bara fortsätta som vi gjorde innan.Att inte förändra sig är stillestånd, stillestånd är tillbakagång, tillbakagång är död tro.

Det är därför att högmod och bekvämlighet står ivägen, igen och igen. Guds ordet säger *"bär frukt som är värdig av ångerfull omvändelse."*

Det är därför som det är så viktigt att erkänna våra synder regelbundet. Att inte tillåta högmod och bekvämlighet stå ivägen. Ödmjuk lydnad är frukten av långvarig fostran.

Högmod kan även stå i vägen när den helige Ande har övertygat och uppenbarat synd i våra liv så att vi inte kan ta emot tillrättavisning att omvända oss. Synd undertrycker synd och banar väg för förtryck och nederlag.

En förvandlad vilja är en del av det nya livet i Kristus, det är inte ett villkor eller förutsättning för vår frälsning. Det skall vara ett övernaturlig skeende av vår himmelske Faders vilja, som tar sitt uttryck i en troslydnad genom helgelse till visdom och kunskap om sanningen, så vi kan avgöra vad som är väsentligt.

Från och med nu och till evighet kan vi be med hela denna sannings insikt som den helige Ande förmedlat genom Guds ord "komme Ditt rike på jorden liksom i himmelen."

Och min bön är att er kärlek ständigt skall växa och bli
rik på insikt och urskillning, så att ni kan avgöra vad som
är väsentligt och stå rena och skuldfria på Kristi dag,
fyllda av den rättfärdighet som är frukten av Jesu Kristi verk,
Gud till ära och pris. Fil. 1:9-11

Läran om Bön - Del Fem
"GE OSS IDAG VÅRT BRÖD FÖR DAGEN"

Bön börjar och slutar alltid med ett genomgående mål att glorifiera vår Gud och Fader och Hans Son Jesus Kristus. Skälet med vår bön är inte att enbart be om att vi skall få det vi vill och få våra behov uppfyllda. Bön måste ära vår Fader och förminska vår roll. Det är Han som är det huvudsakliga inte jag och mina intressen. Gud vet allt om mig och vad jag behöver. Vi ska i huvudsak vara angelägna om vem Gud är. Vad Han vill och hur vi kan glorifiera Honom. Vad det är som kommer att utveckla Hans rike och ge ära till Hans namn. Vår ambition skall vara att framhäva Guds karaktär och utestänga våra egna själviska önskningar och glädja oss i Honom.

Du kanske känner igen den här definitionen från den första delen. Och det är detta som Jesus har lärt oss i den första hälften av bönen.

Nu är det dags att lära oss den andra hälften och det har att göra med hur Gud vill bevara oss, som Han har skapat. Vi kan dra oss till minnes Hans namn Jehova–Jireh, vilket har betydelsen Gud förser alla våra behov. Men Han skapade oss för sin egen skull att bli lik Honom:

Det folk som jag har danat åt mig skall förkunna mitt lov.
Jes. 43:21

Och Gud sade: "Låt oss göra människor till vår avbild, till att vara oss lika." 1 Mos. 1:26

När vi ber *"Ge oss i dag vårt bröd för dagen"* så erkänner och fastslår vi vår beroendeställning att Han skall förse oss. Lägg märke till att vi skall bara be om vår dagliga ranson, och "ge oss" det gäller inte bara för mig själv.

173

Vi är ju medvetna om hur Gud bevarade sitt folk från hunger i öknen

Då sade Herren till Mose: "Se, jag vill låta bröd från himmelen regna åt er. Och folket skall gå ut och <u>samla för varje dag så mycket som behövs</u>. Så skall jag sätta dem på prov, för att se om de vill vandra efter min lag eller inte." 2 Mos. 16:4

Genom att läsa hela kapitlet kan vi lära och förstå det viktiga om den här lektionen om bröd.

"Och så har Herren befallt: Samla av det, var och en så mycket han <u>behöver till mat</u>. En gomer på var person skall ni ta, efter antalet av ert husfolk, var och en åt så många som han har i sitt tält." 2 Mos. 16:16

Det här är en suverän lärdom som vi har möjlighet att ta emot, och få ett sunt perspektiv av mat, både lekamligt och andligt.

Nu skall vi gå till nya testamentet och låta den helige Ande visa oss vad Jesus lärde på det här området:

Våra fäder åt mannat i öknen, så som det står skrivet: Han gav dem bröd från himlen att äta." Jesus svarade: "Sannerligen, jag säger er: Mose gav er inte brödet från himlen, men min fader ger er det sanna brödet från himlen. Guds bröd är det bröd som kommer ner från himlen och ger världen liv." De bad honom då: "Herre, ge oss alltid det brödet." Jesus svarade: "Jag är livets bröd. Den som kommer till mig skall aldrig hungra, och den som tror på mig skall aldrig någonsin törsta." Joh. 6:31-35

Sannerligen, jag säger er: den som tror har evigt liv. Jag är livets bröd. Era fäder åt mannat i öknen och de dog. Men brödet som kommer ner från himlen är sådant att den som äter av det inte skall dö. Jag är det levande brödet, som har kommit ner från himlen. Den som äter av det brödet skall leva i evighet. Brödet jag skall ge är mitt kött, jag ger det för att världen skall leva.
Joh. 6:47-51

Detta är brödet som har kommit ner från himlen, ett annat bröd än det som fäderna åt. De dog, <u>men den som äter detta bröd skall leva i evighet</u>. Joh. 6:58

Låt oss igen gå till 2 Mos. 16:8 där vi kan läsa om hur Israels folk knotade mot Aron och Moses, då sade Moses:

"Då nu Herren har hört hur ni knotar mot honom. Ty vad är vi? Det är inte mot oss ni knotar, utan mot Herren."

Vi kan av detta dra slutsatsen att vi skall fokusera på Jesus, läs Matt. 6:25-32 Han är vårt dagliga bröd, låt oss till fullo förstå Honom:

Därför säger jag er: bekymra er inte för mat och dryck att leva av eller för kläder att sätta på kroppen. Är inte livet mer än födan och kroppen mer än kläderna? Matt. 6:25

Allt sådant jagar hedningarna efter. Men er himmelske fader vet att ni behöver allt detta. Matt. 6:32

Därför skall vi inte förlora vårt ständiga behov av att förlita oss på Honom för vårt dagliga bröd. Både fysiskt och andlikt skall vi fokusera på Honom och alltid lita på att Han skall ta hand om alla våra behov. Ibland ser Han till våra behov genom mirakulösa lösningar men vanligtvis så går det den väg som vi är vana med genom att vi arbetar och förtjänar pengar till att köpa vad vi behöver. Han ser till att vi har energi, möjligheter, vishet, kunskap som Paul förklarar:

När vi kom till er, gav vi er som föreskrift: den som inte vill arbeta får inte heller äta. Och nu har vi hört att några ibland er lever utan ordning. De gör inte vad de skall, bara vad de inte skall. Den sortens människor föreskriver och förmanar vi i herren Jesu Kristi namn att arbeta lugnt och stilla och äta sitt eget bröd. 2 Tess. 3:10-12

Därför att Han har lovat att tillgodose alla våra fysiska behov kan vi vara övertygade och tacksamma till vår Fader och Gud att Han kommer att se till att vi blir tillgodosedda en dag i sänder i enlighet med "ge oss i dag vårt bröd för dagen."

Detta är en giltig och meningsfylld förfrågan som är formad i Guds hjärta genom att förse och ha omsorg om sina älskade barn. Speciellt skall vi hålla i minnet att Jesus är livets bröd eller det levande brödet. Man kan tänka sig en värdslig fader som lär sitt barn att säga: "snälla får jag mat" även då det är självklart at barnet skall få mat.

Så vad kan vi dra för slutsats av all detta? Genom att vi söker Honom först med ett rätt hjärta, tillbringar mera tid och är angelägen att närma oss Honom och prisa och vörda Honom i bön och åkallan. Allt detta som bevis för den kärlek vi har till Honom, inte som någon form av krav eller skyldighet. Och i enlighet med Hans löften kommer Han att förse oss med alla våra behov i samstämmighet med all Hans rikedom i himmelen och på jorden.

Innan vi lämnar den här delen skall vi ta ett steg till för att förstå vad det är Gud vill lära oss med vad han gjorde i öknen som vi läste i 2 Mos. 16 men nu skall vi läsa från Psaltaren.

Ändå syndade de också i fortsättningen mot honom och var motsträviga mot den Högste i öknen. De frestade Gud i sina hjärtan, i det de begärde mat för sin lystnad. Och de talade mot Gud, de sade: "Kan väl Gud duka ett bord i öknen?" Ps. 78:17-19

Eftersom de inte trodde på Gud och ej förtröstade på hans frälsning. Ps. 78:22

Och han gav befallning åt skyarna i höjden och öppnade himmelens dörrar, han lät manna regna över dem till föda, och korn från himmelen gav han dem. Änglabröd fick människor äta, han sände dem mat till fyllest. Ps. 78:23-25

Och han lät kött regna över dem som stoft, bevingade fåglar som havets sand. Han lät det falla ned i sitt läger, runt omkring sin boning. Ps. 78:27-28

Så fick de betala följderna för sin synd. Deras synd var inte att de åt den maten, utan det var deras upproriska motspänstighet deras sinne och attityd. Då åt de och blev övermätta, han lät dem få vad de hade begär efter. Men ännu hade de inte stillat sitt begär, ännu var maten i deras mun, då kom Guds vrede över dem, han sände död bland deras förnämsta och slog ned Israels unga män. Ps. 78:29-31

Och de skulle inte bli som deras fäder, ett motsträvigt och upproriskt släkte, ett släkte som inte höll sitt hjärta ståndaktigt, och vars ande inte var trofast mot Gud. Ps. 78:8

När vi ber Gud om att ge oss vad vårt hjärta önskar och längtar efter, så är det avgörande att vi är övertygade att våra hjärtan är rätt med Gud innan vi ställer våra krav och utrycker våra förväntningar. Den helige Ande är alltid redo att hjälpa och leda oss. Det är därför avgörande att vi handlar efter hans vägledning och ber på det sätt som Han lär oss. Vår attityd skall reflektera ett nydanat sinne och ett omvänt hjärta som villigt och ödmjukt ber "**Ge oss i dag vårt bröd för dagen**" med vad det innebär både lekamligt och andligt.

Ett rätt perspektiv av vår Gud och Fader är en förutsättning för ett bra och fullständigt förhållande. Att känna Honom för vem Han egentligen är. Det är den enda förvissningen för evigt liv med Honom. När vår längtan och önskan är Han och enbart Han, då blir det glädje och välbehag för alltid. Som det står skrivet: i Guds närvaro är härligheten fulländad.

Läran om Bön - Del Sex

"FÖRLÅT OSS VÅRA SKULDER, SÅSOM OCKSÅ VI FÖRLÅTER DEM SOM STÅR I SKULD TILL OSS"

Vi har nu kommit till den del av vår bön som sysslar med problemen eller hindren för vår kommunikation med vår Gud och Fader, nämligen våra synder, våra dagliga synder. Det är ju inte enbart vår kommunikation som blir hindrad utan vår samhörighet och gemenskap också, ja hela vår relation med Honom kommer på sned. Även våra världsliga relationer blir effektuerade och störda, därför att vi avstår att ta itu med det faktiska problemet i våra liv- vår synd.

Ofta bortser vi från det som är upphovet till vår dilemma, och hamnar i symptomen av våra sjukligheter eller synder, men vår Fader känner oss, och den helige Ande påminner oss. Låt oss därför ta emot kunskap och lära oss hur vi kan tillgodogöra oss Jesus vår Herres lära. Därför att vi är pånyttfödda troende och har blivit välsignade med en försäkran om en relation med Gud, betyder inte att vi kan ta för givet att den relationen automatiskt skall fungera.

Vi kanske har upplevt denna situation i våra relationer med andra människor. Ibland kan våra familjerelationer vara de mest svårhanterliga, med förorättelser och situationer som inte har handskats med på rätt sätt, med brutna kommunikationer som följd. Vi vet vad det i regel slutar med. Det är uppgörelse och förlåtelse,

179

och normala relationer kan flöda på nytt. Bönen är vår kommunikation med vår Fader, Jesus lär oss principerna:

Ty om ni förlåter människorna deras överträdelser, skall er himmelske fader också förlåta er. Men om ni inte förlåter människorna, skall inte heller er fader förlåta er era överträdelser. Matt. 6:14-15

Är det inte så att vi alla pånyttfödda troende syndar ibland? Vi är ju alla syndare, så det är ju inget nytt. Med tanke på vad vi just läst, menas det att vi alla har dålig relation med vår Gud, därför att synd separerar oss från Gud? Låt oss följa Bibeln noga så att vi förstår innebörden och den praktiska konsekvensen av detta:

Ty ingen människa är så rättfärdig på jorden, att hon gör vad gott är och inte begår någon synd. Pred. 7:20

Om vi säger att vi är utan synd, bedrar vi oss själva, och sanningen finns inte i oss. Om vi bekänner våra synder, är han trofast och rättfärdig, så att han förlåter oss synderna och renar oss från all orättfärdighet. 1 Joh. 1:8-9

Detta är vårt största behov som troende. Att vi behöver få förlåtelse från våra synder, att det måste ske ständigt och regelbundet. Synd stjäl förverkligandet och frimodigheten i våra liv, genom att betunga vårt samvete med obeveklig och ständig skuld.

Då förstår vi att vi är sanningens barn, och om vårt hjärta dömer oss kan vi inför honom övertyga det om att Gud är större än vårt hjärta och förstår allt. 1 Joh. 3:19

Låt oss därför träda fram inför Gud med uppriktigt hjärta och i full trosvisshet, med ett hjärta som är renat från ett ont samvete. Hebr. 10:22

I full trosvisshet komma till Gud med våra synder dagligen, erkänna och omvända sig och få förlåtelse, verkar vara så enkelt, men tyvärr så ofta förbisett. Att göra detta är en absolut nödvändighet eller också kommer våra synder att stå i vägen för våra böner och samvaro med Gud. Som vi ser är vår förlåtelse direkt ett samband med vårt förhållande till våra medmänniskor.

"FÖRLÅT OSS VÅRA SKULDER, SÅSOM OCKSÅ VI FÖRLÅTER DEM SOM STÅR I SKULD TILL OSS"

Synden leder oss bort från Gud, och om vi följer vad den leder oss så kommer den att slutligen skilja oss totalt ifrån Honom för evigt. Därför måste vi lära oss att hålla synden på avstånd.

När vi inte följer Guds vägledning och frälsningsplan, är synden utom allt tvivel vårt största problem, alltså den väsentligaste och huvudsakliga fienden i våra liv. När det nu är så här så är vårt största behov förlåtelse och det är exakt vad Gud vår Fader förser oss med. Även då vi en gång för alla blivit förlåtna för vår naturliga synd, den vi var födda med, genom Kristi död för våra synder, så måste vi söka den helige Andens hjälp och ledning så att vi kan frambringa frukt som är värdig vår ångerfulla omvändelse på ett regelbundet sätt. I första hand erkänna vår synd och göra bättring.

Då uppenbarade jag min synd för dig och överskylde inte min missgärning. Jag sade: "Jag vill bekänna för Herren mina överträdelser." Då förlät du mig min synds missgärning. Sela.
Ps. 32:5

Var och en som har detta hopp till honom renar sig själv liksom han är ren. 1 Joh. 3:3

Vi vet att de som är födda av Gud inte syndar. Han som föddes av Gud bevarar dem och den Onde kan inte röra dem. 1 Joh. 5:18

Den som vet hur man handlar rätt, men inte gör det, han begår en synd. Jak. 4:17

Känner vi till hur synden ständigt påverkar oss? Hur den verkar så att vi kan upptäcka den och hindra den att få fotfäste.

DEN DEGENERERANDE KRAFTEN

Vårt hjärta bedrar och lurar oss när synden har herraväldet och styr

181

vårt hjärta. När vi erkänner detta som sanning från Guds ord och förstår hur det påverkar oss har vi kommit långt.

Bedrägligare än allt annat är hjärtat, det är obotligt sjukt.
Vem kan förstå det. Jer. 17:9

Synd är det som regerar våra hjärtan och själar och har förorenat varje levande varelse. Synd är den degenererande makten i hela mänskligheten. Synden gestaltar sig i alla slags sjukdomar, värk, epidemier, olycka, handikapp, död, och helvete. Synd är den verkliga orsaken bakom varje brutet äktenskap, varje söndertrasat hem, brutna vänskapsband, bråk, osämja, misstro, hat och egoism.

Det finns mycket mer som synden förorsakar, listan är lång. Synd är det moraliska och andliga cancer som människan inte har någon bot för.

Gud har svaret. Jesus Kristus Hans son har besegrat synden och Satans makt en gång för alla, genom att han gav sitt liv på korset, genom Hans sår är vi helade till kropp och själ. Vi har givits nåden att vara fria att välja Hans väg till förlossning och därigenom producera frukt värdig av omvändelse och liv i överflöd på alla livets områden.

SYND DOMINERAR VÅRT SINNE OCH HJÄRTA

Speciellt innan vi är totalt överlåtna som troende och i första hand innan vi är pånyttfödda troende.

de har haft kunskap om Gud men inte ärat honom som Gud eller
tackat honom. Deras tankemöda ledde dem ingenstans, och deras
oförståndiga hjärtan förmörkades. Rom. 1:21

Eftersom de föraktade kunskapen om Gud, lät han dem hemfalla
åt föraktliga tänkesätt så att de gjorde det som inte får göras.
Rom. 1:28

SYND DOMINERAR VÅR VILJA

Det goda som jag vill, det gör jag inte, men det onda som jag inte vill, det gör jag. Men om jag gör det jag inte vill, då är det inte längre jag som handlar, utan synden som bor i mig. Rom. 7:19-20

Dessa bibelversar förklara vår nuvarande situation i köttet och hur synd regerar om vi inte vandrar i Anden. Ibland hör man hur människor frestas att använda detta bibelställe som en ursäkt för ett syndigt levnadssätt. Som vanligt ligger svaret i att fullfölja hela meningen "om vi lever efter vårt kötts vilja kommer vi att dö" Om vi tycker att detta ställe skapar lite dilemma, så låt den helige Ande förklara det så här:

Om ni lever på det sättet kommer ni att dö, men om ni med ande dödar kroppens gärningar skall ni leva. Rom. 8:13

Synden skall inte vara herre över er; ni står inte under lagen utan under nåden. Rom. 6:14

Synd dominerar och påverkar känslorna, sinnet och viljan. Den vanliga människan (ej troende) vill inte och har ingen lust till att få synden ur sitt liv. Bibeln förklarar att den människan älskar mörker mer än ljus.

Och detta är domen, att när ljuset kom in i världen, då älskade människorna mörkret mer än ljuset, eftersom deras gärningar var onda. Den som gör det onda avskyr ljuset och kommer inte till ljuset, för att hans gärningar inte skall avslöjas. Men den som handlar efter sanningen, han kommer till ljuset, för att det skall bli uppenbart att han gör vad Gud vill. Joh. 3:19-21

Vår gamla människa eller på det sätt vi är födda, i enlighet med vår natur står emot att göra vad Guds ord kommenderar oss att göra. Således kan man dra slutsatsen att vi hellre är olydiga än lydiga. Det är därför vi så desperat behöver den helige Andes ledning och hjälp. Genom Jesu Kristi blod har vi blivit frigjorda från denna situation, som ju är synden med alla dess varianter som ständigt arbetar för att påverka oss. Även när vi är pånyttfödda troende.

Som offrade sig för våra synder för att rädda oss ur den nuvarande onda tidsåldern, efter vår Guds och faders vilja. Gal. 1:4

Han har offrat sig själv för oss, för att friköpa oss från alla synder och göra oss rena, så att vi blir hans eget folk, uppfyllt av iver att göra vad som är gott. Tit. 2:14

När vi medvetet är olydiga Guds ord, drar synden oss in under Satans kontroll, eller köttets längtan efter att få stå under den gamla människans blir verksam. Det är alltså vi själva som åstadkommer det onda, vi är styrda av luftens prins, eller kraften som styr denna onda värld, genom vårt val att vilseföras.

Ni var döda genom era överträdelser och synder den gång ni levde i dem på denna tidens och världens vis och lät er ledas av fursten över luftens rike, över den andemakt som nu är verksam i olydnadens människor. Sådana var vi alla en gång, då vi följde våra mänskliga begär och handlade som kroppen och våra egna tankar ville, och av födseln var vi vredens barn, vi som de andra. Ef. 2:1-3

Ty jag känner mina överträdelser, och min synd är alltid inför mig. Ps. 51:3

Se, i synd är jag född, och i synd har min moder avlat mig. Ps. 51:5

OLIKA MENINGAR AV ORDET SYND

Förlåt oss våra "skulder" är ordet som Matteus använder. Förlåt oss våra "synder" är det ord som Lukas använder. Är det bara olika former av synd eller finns det en skillnad, och är det värt mödan att ta reda på vad skillnaden är? Svaret är ja. Jesus lär sina lärjungar att "skulden" som vi som troende har ackumulerat. Det gäller inte ofrälsta människor, detta är en mall för hur vi skall be som är troende.

Synd är en dilemma, vanära och kränkning av Honom. Det är ett missbruk av Hans nåd, som vi måste motarbeta och bli av med i våra liv. Detta missbruk föder skuldkänslor, som öppnar vägen för vår fiende att bestraffa oss. Vi definitivt behöver vårt fysiska dagliga bröd, men hur mycket mer behöver vi inte livets bröd Jesus och den helige Ande, som ger oss insikt och kunskap så att vi ödmjukt kan överlåta oss till kontinuerlig omvändelse, genom bättring och få förlåtelse dagligen.

Synden är inte bara trotsig olydnad mot Guds ord utan otro och förnekande av evangelium som förklaras i att begreppet synd i sin rot är något negativt. Gud hatar synd. Denna rent negativa aspekt på synden kommer fram genom de två huvudord som i GT och i NT står för begreppet. Både det hebreiska *hrattat* och det grekiska *hamartia* är negativa termer som betyder att fela och svika.

Det mest vanliga bibliska begreppet som används i NT för synd är det grekiska ordet *hamartia,* men det förekommer en rad andra ord för att beteckna de olika sidor och betydelse-nyanser som finns i begreppet synd. *Adikia* som betyder orättfärdighet, *asebeia* som betyder gudlöshet och ringaktning för Guds person.

Vidare kan nämnas *agnoema,* synd på grund av okunnighet, *poneria* aktiv ondska, *kakia* passiv ondska, *parakoe* är ohörsamhet och olydnad, *enochos* betyder någon som är hemfallen åt lagens anklagelse och dom. Utöver detta kommer så de ord som betecknar bestämda synder. Även då man har valt att använda ordet *hamartia* som huvudord för synd i NT är den termen det mest konturslösa bland de som stod till buds. Verbet *hamartano betyder helt enkelt att fela, att inte träffa målet.*

Syndaren är inte bara främmande för Gud, han är Guds fiende, om han inte verkligen står fast och är väl grundad i tron och inte låter sig uppfyllas av kunskap av Hans vilja med all andlig vishet och insikt. Det är bara genom Jesus vi kan få förlåtelse.

1. MISSA MÅLET, SYND

Detta grekiska ord "*hamartia*" betyder missa målet, felsteg eller engelska ordet offence (att inte var med och dela priset genom att missa målet). Att inte vara med betyder att man är utanför, det är vad synd gör, den separerar oss från målet, vår Gud. Medan *hamartema* kan beteckna ett felsteg på grund av svaghet, kan *hamartia* beteckna den oriktiga handlingens väsen och natur, men likväl är oftare använd om själva handlingen. Egentligen är ordet *hamartia* en kollektiv term som omfattar försyndelser av alla slag, ända från enkla missförstånd till förbrytelser, och att det inte var belastat med skuld i samma omfattning som ordet *opheliema*. Att det är ett missgrepp utan ondska, på grund av svaghet, tillfällig eller bristande kunskap och på grund av detta att moraliskt göra fel, synd, inkräkta. Att bli förnärmad kränkt eller sårad, att själv uppträda förnärmande, kränkande eller såra någon. I Lukas kan vi se ett bra exempel på hur han använder sig av de här två olika orden:

Och förlåt oss våra <u>synder</u>,(hamartia) ty också vi förlåter var och en som står i <u>skuld</u> (opheilema) till oss. Och utsätt oss inte för prövning. Luk. 11:4

Skillnaden mellan dessa två ord är att *"hamartia"* synd betyder att göra något fel som grundar sig inom ett stort område., medan *"opheilemo"* synd betyder att göra något fel som skall återupprättas och betalas tillbaka, precis som en skuld.

2. SKULD, SYND

Ordet skuld som Matteus använder är det uråldriga grekiska ordet *"opheilema"* vilket menas: skyldig något, skuldsatt, moraliskt fel, en skyldighet, en person som är skuldsatt. Detta anspelar på moralisk och andlig skuld, inte ekonomisk skuld. Det är det andra mest förekommande ordet som användes för synd. Vi ser hur Matteus använder ordet skuld på båda ställena, till skillnad från Lukas.

Och förlåt oss våra skulder, liksom vi har förlåtit dem som står i skuld till oss. Matt. 6:12

I evangelierna nämns synden oftast i samband med omvändelse från synd och förlåtelse för synd. För Jesus är inte synden något som man kan ställa sig likgiltig inför. Vi är skyldiga att förlåta.

3. ÖVERTRÄDELSE, SYND

Det grekiska ordet *"parabtoma"* hänsyftar till överträdelse vilket menas ett felsteg, ett oöverlagt misstag, olycksfall, fel, intrång, snedsteg, eller övertramp. Idén bakom detta ord är mer en ofrivillig vårdslöshet än en planlagd olydighet. Lägg märke till skillnaden av ordval i Jesu lära i bönen Fader vår, och hans fortsatta lära i följande verser:

> *Ty om ni förlåter människorna deras överträdelser, skall er himmelske fader också förlåta er. Men om ni inte förlåter människorna, skall inte heller er fader förlåta er era överträdelser.* Matt. 6:14-15

Man kan fråga sig om denna synd, som inte är anledning till skuld, möjligen inte är fullt så allvarligt tyngande?

Även om synden på grund av sitt väsen är en negation av det goda, så får det inte uppfattas så att synden skulle vara något passivt eller neutralt. Eller som man får lära sig att leva med, vilken hemsk tanke, bort med det.

4. LAGLÖSHET, SYND

Det grekiska ordet "anomia eller anomos" står för laglöshet, illegalt, brytande av lagen, ondskefull, orättfärdig. Detta är ett klart uttryck för planerad, medveten och uppenbar synd, som beskriver en öppen upproriskhet mot Gud och Hans vilja.

> *Och tänker på att den inte är till för rättfärdiga utan för dem som lever utan lag och ordning, för gudlösa och syndare, hädare och förnekare, för dem som bär hand på sin far eller mor, för dråpare, för osedliga och perversa, för människorövare, lögnare och menedare och allt annat som strider mot den sunda läran.*
> 1 Tim. 1:9-10

Detta beskriver ogudaktiga människor, mestadels brottslingar, icke kristna. Men vi är medvetna om att även så kallade kristna är involverade i dessa handlingar, till en stor del av det existerande kyrkosystemen som saknar klara begränsningar. Därför att ansvarskänslan är undermålig i avsaknad av sunda doktriner. T.ex. samboende utan giftermål och godtyckligt erkännande av andra flagranta syndiga levnadsformer.

Men då skall jag säga dem sanningen : "Jag har aldrig känt er Gå bort ifrån mig, ni laglösa! (anomia)" Matt. 7:23

Människosonen skall sända ut sina änglar och de skall samla ihop och föra bort ur hans rike alla som blir andra till fall och lever i laglöshet (anomia). Matt. 13:41

På samma sätt visar ni upp ett rättfärdigt yttre för människorna, medan ert inre är fullt av hyckleri och orättfärdighet (anomia). Matt. 23:28

Jesus preciserar att en utvärtes lagrättfärdighet inte är nog. En sådan yttre rättfärdighet blir ett rent ohyggligt hyckleri och självbedrägeri, när det förekommer i stället för sann gudsfruktan. Hyckleri tar själva sanningen och verkligheten ut ur allt gudsförhållande och förnedrar människor till andliga skådespelare:

"Och alla sina gärningar gör de för att människorna skall lägga märke till dem." Som Jesus sade i Matt. 23:5.

5. LAGBROTT, SYND

Det grekiska ordet *"parabaino"* eller *"parabasis"* är det femte ordet i nya testamentet som Matteus beskriver synd. Vanligen översatt med det svenska ordet lagöverträdelse eller olydnad och med det engelska ordet transgression. Beskrivningen av denna synd är att den är mer medveten och beräknande. Betyder också motsätta, motstridande att bryta mot ett kommando eller order, kränka, bryta.

"Varför bryter (parabino) dina lärjungar mot fädernas regler? De tvättar ju inte händerna innan de äter." Han svarade: "Varför bryter (parabino) ni själva mot Guds bud för era reglers skull?" Matt. 15:2-3

Naturligtvis finns det en anledning till varför Matteus använder fem olika ord när han beskriver synd och hur det påverkar oss.

Orättfärdighet och orätt är inte översatta genom ordet synd, men förklaras med laglöshet fel och helt enkelt orätt. t.ex.

Varje orätt är en synd,(hamartia) *men det finns synd som inte är dödssynd.* 1 Joh. 5:17

Det är vanskligt att hamna i ett ingenmansland genom att påstå att allt som man gör fel är väl inte synd?

Och när så begäret har blivit havande föder det synd, och när synden är fullväxt föder den död. Jak. 1:15

Synden är träldom och den som gör synd, han är syndens träl. Synden leder oss till fördömelse och bottenlös skuld, och konsekvenserna speglar sig i våra liv.

Den som vet hur man handlar rätt, men inte gör det, han begår en synd. Jak. 4:17

Vad som är rätt för den ene är inte nödvändigtvis rätt för den andre, beroende på vår kunskap och lydnad, därför är det av allra största vikt att man vet hur man handlar rätt enligt Guds ord, vi får ansvara för oss själva först.

Mitt folk går under i brist på kunskap. Eftersom du har förkastat kunskap, skall också jag förkasta dig, så att du inte längre är min präst. Du glömde din Guds undervisning ,därför skall också jag glömma dina barn. Hos. 4:6

Det är absolut nödvändigt att förstå de olika sidor och betydelsenyanser som finns i begreppet synd, av den enkla anledningen att om vi inte, så kan fienden ta sig rätten att döma och bestraffa oss, med vad som helst, sjukdomar och olycka av alla möjliga slag.

Vi tycker det är fruktansvärt när en oskyldig människa blir dömd och bestraffad. Vi vet också att det inte är någon fördömelse för den som är i Kristus och märk väl vad fortsättningen säger,som inte lever i köttet utan efter anden. Vi är rättfärdiggjorda i Kristus, befriade, lösta från syndens bojor, men om vi bär på synd och inte är medvetna om det, kan den onde bestraffa och beskära vår frihet.

Därför att vi konstant är utsatta för synd, måste vi bevara oss. Överlåta oss till vår Fader, omvända, rentvå oss själva, förlåta andra och ta emot Hans förlåtelse genom Jesu blod, regelbundet.

Översatt ord	Grekist ord	Betydelse, mening
1. Missa målet	*hamartia*	Ta fel på vägen, förgå sig
2. Skuld	*opheliema*	Skyldig, skuldsatt
3. Överträdelse	*parabtoma*	Felsteg, misstag
4. Laglöshet	*anomia*	Olaglig, illegal
5. Lagbrott	*parabino*	Lagöverträdelse, olydnad

SKYLDIGHET ATT LYDA

Det här är ett område som vi ständigt behöver bli påminda om, därför att det skapar så mycket problem. Synden personifierad är den direkta motsatsen till Guds helighet, synd förorenar, förvillar, vanärar, förebrår och klandrar oss. Vår reaktion gestaltar sig i att vi blir olydiga, motsträviga, och okänsliga för Hans tilltal eller befallning. Kom ihåg att lydighet är en frukt av fostran.

Detta är då en klar förbrytelse, och vi drar på oss en skuld att gottgöra vår skyldighet inför vår Fader och Gud. Vi har förtjänat en skuld av bestraffning, om vi felar att betala denna skuld, så överförs skulden till lydnadskontot. Frågan blir nu hur vi skall handskas med detta, en skuld blir inte mindre för att den blir äldre, tvärtemot egentligen.

Om vi tror att vi automatiskt blir förlåtna, har vi fel, varför skulle då Jesus lära oss att be om förlåtelse? Har du kollat på den senaste tiden, om du har några skulder på lydnadskontot?

Det är ju välkänt att synden är tagen från oss, den är betald genom Jesu blod på korset. Den helige Ande övertygade oss om vårt syndiga leverne, vi erkände (bekände) vår synd (skuld) omvände oss och fick förlåtelse och blev pånyttfödda ,vi blev en ny skapelse. Så vi har blivit räddade från evigt liv i helvetet, genom Hans stora nåd. Då kommer den här frågan, varför måste vi då handskas med vår synd om och om igen, när den en gång blivit betald av Jesus.

Ty jag känner mina överträdelser, och min synd är
alltid inför mig. Ps. 51:3

Följaktligen måste vi betala vår skuld med ett gångbart medel, och åter igen så lärde Jesus oss att be "förlåt oss våra skulder."

Av den anledningen att vi fortsätter att synda även då vi blivit födda på nytt. Synden i våra liv skapar konsekvenser som växer.

Vi vet att Gud inte lyssnar till syndare, men om någon fruktar Gud och gör hans vilja, då lyssnar han till honom. Joh. 9:31

Mina barn, låt ingen föra er vilse. Den som gör det rätta är rättfärdig, liksom Kristus är rättfärdig. 1 Joh. 3:7

Den helige Ande övertygar oss genom Ordet att vi måste omvända oss och sluta synda. Som jag tidigare skrev : därför att synden är vårt största problem, är vårt största behov att få förlåtelse och det är exakt det Gud vill ge oss när vi erkänner ödmjukar oss och bekänner våra synder.

När vi nu inser att vår skuld ackumuleras och står i vägen för vår helgelse, måste den betalas av. Låt oss få klarhet hur Bibeln lär oss att detta kan bli gjort på ett regelbundet sätt, utan skuldkänsla och fördömelse.

Nu blir det alltså ingen fällande dom för dem som tillhör Kristus Jesus. Rom. 8:1

Det finns ingen fördömelse om vi vandrar i Anden, följaktligen kommer det att bli fördömelse om vi inte vandrar i Anden. Det räcker inte med att vara närvarande i kyrkan vid olika tillfällen. Det är vårt dagliga leverne som kommer att forma vår destination både nu och för evigt. Det blir inget evigt liv med Gud, utan en levnad som Jesus.

Den som säger att han förblir i honom måste själv leva så som han levde. 1 Joh. 2:6

Nu däremot, när ni blivit fria från synden men är slavar under Gud, blir frukten ni skördar helighet och till slut evigt liv. Rom. 6:22

Låt oss fortsätta att fastställa vår situation genom Ordet:

Vi har alltså skyldigheter, bröder, men inte mot köttet, inte att leva efter vår köttsliga natur. Om ni lever på det sättet kommer ni att dö, men om ni med ande dödar kroppens gärningar skall ni leva. Rom. 8:12-13

Den som sår i sitt kött skall skörda förgängelse ur köttet, men den som sår i anden skall skörda evigt liv ur anden. Gal. 6:8

Ja vi är skyldiga att vandra efter den helige Ande. Det kommer att kräva arbete och handling att producera frukt av omvändelse. Om vi ibland tvivlar på vår eviga frälsning genom arbete och tro, så kan vi få hjälp genom dessa verser:

Ty Guds nåd har blivit synlig som en räddning för alla människor. Den lär oss att säga nej till ett gudlöst liv och denna världens begär och att leva anständigt, rättrådigt och fromt i den tid som nu är, medan vi väntar på att vårt saliga hopp skall infrias och vår store gud och frälsare Kristus Jesus träda fram i sin härlighet. Han har offrat sig själv för oss, för att friköpa oss från alla synder och göra oss rena, så att vi blir hans eget folk, uppfyllt av iver att göra vad som är gott. Tit. 2:11-14

Och detta är det sätt som det kommer att fungera på:

1. ***Om*** *vi säger att vi är utan synd, bedrar vi oss själva, och sanningen finns inte i oss.*

2. ***Om*** *vi bekänner våra synder, är han trofast och rättfärdig, så att han förlåter oss synderna och renar oss från all orättfärdighet.*

3. ***Om*** *vi säger att vi inte har syndat, gör vi honom till lögnare, och hans ord finns inte i oss.* 1 Joh. 1:8-10

Om vi haft svårt att förstå den här utläggningen så blir det nu så mycket lättare, lägg märke till dessa tre "om" vi kan inte komma förbi dem, i vers 8 och 10 åsyftas det vi säger, vi bedrar oss själva och gör Gud till lögnare när det kommer till vår inställning om synden i våra liv. Men i vers 9 får vi igen det klara beskedet hur vi skall handla. Hur underbar är inte vår Fader som genom sin helige Ande hjälper oss att förstå allt om och om och om igen.

VÅR SYND ÄR ALLTID FRAMFÖR OSS

Synd, även då den en gång är betald och förlåten genom Jesus Kristus, så är den fortfarande en realitet i våra dagliga liv. Därför att vi har hittat vägen, betyder det inte att vi kan ignorera den och prova en annan väg. Vi behöver konstant Hans nådefulla erbjudna förlåtelse. När vi vandrar i Anden så blir vi förda till daglig rannsakning och ångerfull omvändelse med bot som resulterar i ödmjuk överlåtelse.

Ja så är det, vår synd måste avtyna, efterhand som vi blir mer känsliga och medvetna att det är synden som står i vägen för vår relation med vår Fader o Gud.

Den som är född av Gud gör inte synd, ty Guds säd förblir i honom, han kan inte synda, eftersom han är född av Gud.
1 Joh. 3:9

Vi skall helt enkelt sluta upp med att synda och bli heliga som Han är helig. Obekänd synd kan bli som en stor vägg och göra oss hårda inombords, näsvisa, lättretade, och okänsliga, ett liv utan glädje och frid. Därför att den kärleksfulla intima gemenskap med vår Fader uteblir genom att vi är inlåsta i våra obekända synder. Vi har utestängt oss själva och missar målet och resultatet blir att vi inte förmår att offra våra läppars offer, offrandet av lovets offer och tacksägelseoffer, skälet till varför vi är skapade. Vi förlorar det överflödande livet, hela vår varelse, både hälsa och våra möjligheter begränsas i så många avseenden och det värsta av det är, att vi även kan riskera att förlora vår frälsande tro. Vi är den levande Gudens barn, Han bor i oss genom den helige Andens närvaro i oss till renhet och insikt.

Mina kära barn, detta är de löften vi har. Låt oss därför rena oss från allt som befläckar kropp och ande och i gudsfruktan nå fram till helighet. 2 Kor. 7:1

Ty jag känner mina överträdelser, och min synd är alltid inför mig. Ps. 51:3

Två mig väl från min missgärning, och rena mig från min synd.
Ps. 51:2

· Överbevisning leder till bekännelse
· Bekännelse leder till ånger och förändring
· Förändring skapar nytt liv
· Nytt liv av förlåtelse, glädje och frid

Det här är en bra standard för dagligt leverne, inte bara en gång i veckan, att bli förenad genom Jesus till Vår Gud och Fader. Vem som än bekänner, ångrar och omvänder sig från sin synd får nåd, därför att Han är trofast att förlåta oss all vår synd och att rentvå oss regelbundet från all vår orättfärdighet.

När vi har ett oförlåtet hjärta, och när vi hyser agg och bär på förbittring, kanske vi inte tycker det är någon stor synd, och det är det inte heller, bara ett misstag i största allmänhet. Men det ger Satan övertag. Den helige Ande försöker leda oss att erkänna och bekänna och få förlåtelse. Vi kan inte glorifiera vår Gud och Fader om vi inte rentvår oss regelbundet.

FÖRLÅT DEM SOM STÅR I SKULD TILL OSS

Förlåta andra är ju det avgörande provet. Den här principen är enkel och klar: om vi har förlåtit andra, blir vi förlåtna. Och motsatt: om vi inte förlåter, blir inte vi förlåtna. Förlåtelse är ju det som är utmärkande för ett pånyttfött hjärta. När vi förlåter varandra visar vi prov på konungslig karaktär likt Jesus Kristus.

Om jag hade förehaft något orätt i mitt hjärta, så skulle Herren inte höra mig. Men Gud har hört mig, han har lyssnat till mitt bönerop. Ps. 66:18-19

När vi grälar och skäller därför att vi är kränkta och sårade, eller känner oss förolämpade därför att någon uttryckte sig fel, kanske hade fel attityd, vi var överkänsliga och märkte ord. Blir det synd i våra liv, om vi reagerar häftigt och går till motattack? Om vi inte är säkra på svaret, låt oss igen se på ordet *"överträdelse"* Det hebreiska ordet för överträdelse är *"pesha"* vilket har betydelsen revoltera, upprorisk, synd, felsteg, grälsjuk och sårad. Det grekiska ordet *"parabtoma"* (ett felsteg eller misstag) som vi tidigare lärde oss, betyder mer en olyckshändelse än en planerad överträdelse, kan jämföras med det hebreiska ordet *"pesha."*

När man studerar den egentliga innebörden av det här ordet, så är det ju synd. Oavsett på vilken sida vi står i grälet. Vi skall ha överseende och förlåta. Även när någon uppträder fel gentemot oss, ger det inte oss rätten att bemöta dem genom att göra likadant, att agera utifrån vår naturliga människa i en syndfull vedergällning. Det är i en sådan här situation som Andens frukter gör sig gällande, i oss själva är vi svaga, men när Han producerar tålamod, kärlek, frid och självbehärskning i oss blir det rättfärdigt. Vi få bli mer lik Jesus för varje episod vi handskas med genom att följa Andens ledning. Jesus talade in i den här situationen och förde den även längre när Han sade följande:

Men jag säger er: älska era fiender och be för dem som förföljer er; då blir ni er himmelske faders söner. Ty han låter sin sol gå upp över onda och goda och låter det regna över rättfärdiga och orättfärdiga. Matt. 5:44-45

Men jag säger er: värj er inte mot det onda. Nej, om någon slår dig på högra kinden, så vänd också den andra mot honom. Matt. 5:39

Apostel Paulus varnade oss för Satans listighet när det kommer till det här aktuella området:

Den som ni förlåter, honom förlåter också jag. Och när jag har förlåtit, om jag nu har haft något att förlåta, har jag gjort det för er skull och inför Kristus, för att inte Satan skulle få övertaget över oss. Vad han har för avsikter vet vi ju. 2 Kor. 2:10-11

Det är detta som jag har försökt att belysa att när vi har ett oförlåtande hjärta och när vi går och bär på missunnsamhet, förbittring eller bara känner oss sårade, så utnyttjar Satan oss. Den helige Ande har inte herraväldet i våra liv, med påföljd att vi blir oförmögna att glorifiera och ha gemenskap med vår Fader i himmelen. Det här är en av Satans strategier, att hålla oss omedvetna om vad synd egentligen gör med oss, och om vi inte gör upp med detta i våra dagliga liv, så måste vi uthärda lidande och betala konsekvenserna eller följderna. Jag tror att Gud lider mer än vad vi gör, därför att Han har redan betalat priset. Så här säger Jesus:

Om du bär fram din gåva till offeraltaret och där kommer ihåg att din broder har något otalt med dig, så låt din gåva ligga framför altaret och gå först och försona dig med honom; kom sedan tillbaka och bär fram din gåva. Matt. 5:23-24

Vi kan vara övertygade om att vår Fader är grundaren och expert på förlåtelse. Han är försoningen, och vi som är skapade i likhet med Honom skall ta efter Honom. Det är vår skyldighet, vår enorma tillgång och hjälp genom den helige Ande.

Allt detta har sitt upphov i Gud, som har försonat oss med sig genom Kristus och ställt mig i försoningens tjänst. Ty Gud försonade hela världen med sig genom Kristus: han ställde inte människorna till svars för deras överträdelser, och han anförtrodde mig budskapet om denna försoning. 2 Kor. 5:18-19

Så vi kan leva våra liv i avsaknad av Guds fullhet, genom att negligera att förlåta varandra och följaktligen missa vår kallelse så desperat och onödigt.

Var goda mot varandra, visa medkänsla och förlåt varandra, liksom Gud har förlåtit er i Kristus. Ef. 4:32

Bli Guds efterföljare, som hans älskade barn. Ef. 5:1

Bli Guds efterföljare betyder ju rätt och slätt att göra som Han gör eller imitera Honom som engelskan uttrycker det.

Att kunna förnya våra sinnen i detta område av förlåtelse är en kraftkälla. En attityd av Kristuslik öppenhet gentemot varandra, att ge rum för misstag och felsteg, vara på alerten och inte såra varandra eller tillåta sig bli sårad. Att ha en förlåtande attityd är att manifestera Kristuslik karaktär och mognad. Vi är kallade att leva värdigt.

Jag uppmanar er alltså, jag som är fånge för Herrens skull, att leva värdigt er kallelse, alltid ödmjuka och milda. Ha fördrag med varandra i tålamod och kärlek. Ef. 4:1-2

Jag hoppas att du förstår hur enormt viktigt det är att vi kan ta del av och till fullo tillgodogöra oss av Guds förlåtelse och genom detta ständigt aktivera och levandegöra denna villkorslösa kärlek genom att imitera Honom. Trots att vi ständigt kommer till korta genom våra överträdelsesynder så fortsätter han att förlåta oss. Genom den helige Andes ledning kan vi nu förstå att detta direkt har sin anknytning till hur vi förlåter andra.

Ty om ni förlåter människorna deras överträdelser, skall er himmelske fader också förlåta er. Men om ni inte förlåter

människorna, skall inte heller er fader förlåta er era
överträdelser. Matt. 6:14-15

Gud handlar med oss som vi handlar med våra medmänniskor. Vi kan vara helt övertygade att när det kommer till detta område av förlåtelse måste vi förlåta lika fördomsfritt och nådefullt som Gud förlåter oss. Återigen I Matt. 18:21-35 belyser Jesus det här området genom en liknelse om en kung som skulle göra upp räkenskaperna med sin tjänare. Det finns flera ställen som Bibeln behandlar detta område av förlåtelse. Låt oss tillgodogöra oss att Gud menar vad Han skriver. Frågan är bara den om vi gör som det står skrivet, eller lider vi av olydnadens konsekvenser?

"RENANDE" I RELATION TILL FÖRLÅTELSE

För att lära oss mer på det här området så kommer vi att använda oss av både det gamla och nya testamentet för att förstå hur rentvagning och stänkandet av blod har samband med förlåtelse.

När folket Israel, i gamla testamentet, ingick ett förbund eller avtal med Gud, så gjordes det i samband med stänkandet av blod för att det skulle bli bindande eller giltigt.

Och Mose tog hälften av blodet och slog det i skålarna, och den
andra hälften av blodet stänkte han på altaret. Och han tog
förbundsboken och föreläste den för folket. Och de sade: "Allt
vad Herren har sagt vill vi göra och lyda." Då tog Mose blodet
och stänkte av det på folket och sade: "Se, detta är förbundets
blod, det förbunds som Herren har slutit med er, i enlighet med
alla dessa ord." 2 Mos. 24:6-8

De var nu heliga, rentvådda, förlåtna och skickade att vara i Guds närvaro:

Och Mose och Aron, Nadab och Abihu och sjuttio av de äldste i
Israel steg ditupp. Och de fick se Israels Gud. Och under hans
fötter var liksom ett inlagt golv av safirer, likt själva himmelen i
klarhet. Men han lät inte sin hand drabba Israels barns främsta,
utan sedan de hade skådat Gud, åt de och drack. 2 Mos. 24:9-11

Detta var en fantastisk händelse. Dessa människor åt och drack i Guds omedelbara närhet, vilken gemenskap och måltid, när man stunden innan hade befarat att mista sina liv. Blodet var stängt och alla förstod den kraften, den förlåtelsen, den säkerhet och tvagning som blodet gav dem. All rädsla lämnade dem och deras samveten stod inte längre i vägen, vilken himmelsk härlighet detta måste ha varit.

Vi fortsätter att läsa om stänkandet av blodet:

Och Mose kallade till sig alla de äldste i Israel och sade till dem: "Bege er hem, och ta er ett lamm för varje hushåll och slakta påskalammet. Och ta en knippa isop och doppa den i blodet som är i skålen, och bestryk det övre dörrträet och båda dörrposterna med blodet som är i skålen. Och ingen av er må gå ut genom sin husdörr före morgonen. Ty Herren skall gå fram för att hemsöka Egypten. Men när han ser blodet på det övre dörrträet och på de två dörrposterna, skall Herren gå förbi dörren och inte tillåta Fördärvaren att komma in i era hus och hemsöka er. Detta skall ni hålla. Det skall vara en stadga för dig och dina barn till evig tid. Och när ni kommer in i det land som Herren skall ge åt er, som han har lovat, skall ni hålla denna gudstjänst." 2 Mos. 12:21-25

Vi kan se att så länge blodet var kvar i skålen, hade det ingen effekt, det var bara blod som inte hade blivit brukat. Blodet hade kraft att frälsa först när det var taget ur skålen och applicerat enligt Guds instruktion: *"stryk blodet på det övre dörrträdet och på de två dörrposterna."*

Detta blod är en bild av Kristi blod. Alltså om Han är Herre i våra liv, då är våra dörrpostar, våra hjärtan bestrukna med Hans blod. Vi är alltså renade, förlåtna, heliggjorda, rättfärdigade konstant genom att Han bestryker våra hjärtan, märk väl <u>i förhållande till vår tro</u>. Jesu blod har ingen kraft i våra liv, om vi inte har blivit bestrukna av det ,som det så klart beskrives:

Gud har låtit hans blod bli ett försoningsoffer för <u>dem som tror.</u> Så ville han visa sin rättfärdighet, eftersom han förut hade lämnat synderna ostraffade.

Rom. 3:25

*I honom och genom hans blod har vi friköpts och
fått förlåtelse för våra överträdelser – så rik är den nåd.*
Ef. 1:7

*Så kan vi då, mina bröder, tack vare Jesu blod frimodigt gå in i
helgedomen.* Hebr. 10:19

*Låt oss därför träda fram inför Gud med uppriktigt
hjärta och i full trosvisshet, med ett hjärta som renats och
inte vet av någon synd och med en kropp som badats i
klart vatten. Låt oss orubbligt fortsätta att bekänna vårt
hopp, ty han som gav oss löftena är trofast.*
Hebr. 10:22-23

Vi är totalt friköpta genom Jesu blod, vi är renade från alla våra synder genom Hans blod, detta är det nya testamentets påskalamm, som det står "ty vårt påskalamm Kristus har blivit slaktat" 1 Kor. 5:7. När vi är befästa i den renande, förlåtande, rättfärdiga, frilösande kraften av Jesu blod, med påföljden att våra samveten inte längre kan fördöma oss, då kan vi vara fullt förvissade att vi har våra hjärtan bestrukna av Jesu blod.

Vårat samvete sätts i rörelse så att vi lydigt gör Guds ord, som är Jesus Kristus. Det var han som sände den helige Ande till att hjälpa oss att bli herre över vårat samvete, så att vi kan agera och fungera i enlighet med tron. Om sedan vår fiende kommer med anklagelser, kan vårt samvete proklamera segern genom Jesu blod genom vår trosförvissning därför att vårt leverne är styrt av vår tro.

*Må fridens Gud, som i kraft av ett evigt förbunds blod har fört
fårens store herde, vår herre Jesus, upp från de döda, styrka er i
allt gott, så att ni kan göra hans vilja. Må han låta det som
behagar honom förverkligas i oss genom Jesus Kristus. Hans är
härligheten i evigheters evighet, amen.* Hebr. 13:20-21

DET NYA BLODS-FÖRBUNDET (AVTAL)

Låt oss se hur det nya förbundet kom till:

*Se, dagar skall komma, säger Herren, då jag skall sluta ett nytt
förbund med Israels hus och med Judas hus. Inte ett sådant*

förbund som det jag slöt med deras fäder på den dag då jag tog
dem vid handen för att föra dem ut ur Egyptens land – det
förbund med mig, som de bröt, fastän jag var deras rätte herre,
säger Herren. Jer. 31:31-32

Så detta är exakt vad som hände, och den här profetian har blivit
fullkomnad. Detta nya förbund eller Guds måltid har blivit instiftat,
vilket ju är utgjutandet av Jesu blod.

Medan de åt tog Jesus ett bröd, och efter att ha läst tackbönen
bröt han det, gav åt sina lärjungar och sade: "Tag och ät, detta är
min kropp." Och han tog en bägare, och efter att ha tackat Gud
gav han den åt dem och sade: "Drick av den alla. Detta är mitt
blod, förbundsblodet som blir utgjutet för många till syndernas
förlåtelse. Jag säger er: nu kommer jag inte att dricka av det som
vinstocken ger förrän den dag då jag dricker det nya vinet med er
i min faders rike." Matt. 26:26-29

Vi kan se likheterna, att igen samlas hans folk vid ett bord, för
gemenskap och äter tillsammans, som Moses. Aron, Nadab och
Abihu gjorde med de 70 äldste från Israel, när det första förbundet
var etablerat.

Påskalammsmåltiden var planerad och förberedd som vi kan läsa
om på flera ställen i Bibeln:

Och säg till den som äger huset: Mästaren frågar var salen är där
han kan äta påskmåltiden med sina lärjungar. Luk. 22:11

Han sade till dem: "Hur har jag inte längtat efter att få äta denna
påskmåltid med er, innan mitt lidande börjar." Luk. 22:15

Efter måltiden tog han på samma sätt bägaren och sade:
"Denna <u>bägare är det nya förbundet genom mitt blod, som blir</u>
<u>utgjutet för er."</u> Luk. 22:20

Låt oss avsluta den här delen med en förståelse för vad Herrens
måltid betyder. Den första kyrkan gjorde det för att minnas det nya
förbundet, som Jesus hade instiftat genom att proklamera denna
påskalammsmåltids firande. I enlighet med hur befriandet från
slaveriet i Egypten firades genom påskalammet, så firar vi nu

frälsning och befrielse från syndens bojor genom Jesu död och utgjutandet av Hans blod. Gud har offrat påskalammet för våra synder, vad kan vi mer begära, när Han har fullbordat allt.

I honom och genom hans blod har vi friköpts och fått förlåtelse för våra överträdelser – så rik är den nåd med vilken Gud har låtit all vishet och klokhet flöda över oss. Och han har yppat sin viljas hemlighet för oss, det beslut om Kristus som han hade fattat från början och som skulle genomföras när tiden var inne: att sammanfatta allting i Kristus, allt i himlen och på jorden. I honom har vi fått vår arvslott, förutbestämda därtill av honom som låter allt ske efter sin vilja och sitt beslut: vi skall vara Gud till pris och ära, vi som redan på förhand hade satt vårt hopp till Kristus.
Ef. 1:7-12

"FÖRLÅT OSS VÅRA SKULDER SÅSOM VI FÖRLÅTER DEM SOM STÅR I SKULD TILL OSS"

Läran om Bön - Del Sju

"OCH FÖR OSS INTE IN I FRESTELSE UTAN FRÄLS OSS FRÅN DEN ONDE"

Vi kommer nu till den delen av bön som handlar om frestelser. Vi skall omedelbart ägna oss åt översättningen av ordet frestelser. Ordet frestelser hänvisar till "lockelse till det onda" "dragningskraft" "attraktion" "förförisk" "övertalning" "invitation" "provokation" "riskfyllt."

Det grekiska ordet "peirasmos" är översatt till engelska med ordet "temptation" och svenska "frestelse." I grund och botten är det ett neutralt ord i det grekiska språket och har ingen särskild betydelse av varken gott eller ont. Det antyder att man prövar genom att testa om det är gott eller testar om det är ont. Så om vi skulle använda det grekiska ordet i texten skulle det bli så här:

"Led oss inte in i tester, prövningar, undersökningar, försök inte att disciplinera och ansätta oss." Det är alltså det som i grunden är rotmeningen av det grekiska ordet *"peirasmos"* (frestelse). Det är underförstått att vi förstår meningen med motgångar en situation med vedermöda, bedrövelse och lidande. När vi fortsätter att låta ordboken förklara ordet fresta och frestelser, som vi började med "lockelse till det onda" "dragningskraft " "attraktion" "förförisk" "övertalning" "invitation" "provokation" "riskfyllt" att invitera en person att göra något som är ont eller ovist.

När vi förstår vad detta innebär, kan vi ju omöjligt tro att detta är Vad Gud menar, att Han skulle vilja lura oss till att synda genom övertalning eller lockelse till det onda. Det måste vara befängt:

Ingen som blir prövad skall säga att det är Gud som frestar
honom. Gud kan inte frestas av det onda, och själv frestar han
ingen. Blir någon frestad, är det alltid av sitt eget begär som han
lockas och snärjs. Jak. 1:13-14

Gud frestar ju ingen, så varför skall vi be "inled oss inte i frestelse."
Ett bra förslag här skulle vara att byta ut ordet frestelse med ordet
prövningar, det skulle bli mer vad som är avsett. Grekiska ordet
"peirasmos" översätter man till svenska med både frestelse och
prövning.

Vi hittar samma ord i Jak. 1:2-3 men använder istället för frestelse
ordet prövning, och i vers 3 det kregiska ordet "dokimion" med
prövomedel.

Räkna det som den största glädje, mina bröder, när ni råkar ut för
alla slags prövningar (peirasmos). *Ni vet ju att när er tro sätts på*
prov, så gör prövningen (dokimion) *er uthålliga.* Jak. 1:2-3

Meningen är inte att vi skall bli involverade i meningsskiljaktligheter,
om hur man skall översätta vissa ord, när man kan använda olika
ord för att översätta så ibland väljer man det ena ordet istället för det
andra. I det här speciella fallet tycker jag att skillnaden är så
betydelsefull att det behöver belysas. En vanlig väg i bibelstudier
att komma till rätta med den rätta meningen är genom att definiera
orden från ursprunget. Låt oss fortsätta, med en bra jämförelse.

Ingen annan frestelse har drabbat er än vad människor får möta,
Gud är trofast, han skall inte tillåta att ni frestas över er förmåga
utan när frestelsen kommer, skall han också bereda en utväg, så
att ni kan härda ut. 1 Kor. 10:13

Frestelse och frestas är översatta från peirasmos, och i detta
sammanhang är det mer riktigt att välja detta än prövningar, och det
motsätter sig ingen annan text. Tydligt är att detta är ett
översättningsproblem, men nu har vi klarat ut det. Som man märker
måste man vara på sin vakt.

Dessa två rader som vi nu tar lärdom av från Herrens bön, beskriver
Guds omsorg om oss. Låt oss bli medvetna om skillnaden mellan de
två olika översättningarna. *"Led oss inte in i frestelser."* Som vi kan

läsa från ordförklaringar så förstår vi att detta ord frestelse har att göra med det onda eller oss själva. Därför att denna fras har att göra med som jag påpekade tidigare "lockelse till det onda" "dragningskraft" "attraktion" "förförisk" "övertalning" "invitation" "provokation" "riskfyllt" att göra något ont eller att vara ovis.

Frestelser i sig själv är ju inte synd, det är ju vad frestelser leder oss till som skapar synd och barriärer till vår Fader och Gud. Så vi behöver desperat att bli räddad från den onde.

Vi är också medvetna om att prövningar är ett sätt som Gud använder för att vi skall växa andligen, moraliskt och känsligt, eller att använda ett annat uttryck, genom olika tester och prövningar styrks vår tro och karaktär. Så när vi ber vår fader och säger *"led oss inte in i prövningar,"* så kan det jämföras med ett barn som vädjande säger: "vi skall ha en test i skolan idag, måste jag gå?" Vi kan förstå att detta inte har någonting med frestelser att göra, i den meningen som vi förstår vad frestelser egentligen betyder.

Vad som däremot är klart och tydligt är den följande raden:

"Utan fräls oss från den onde." Böj er alltså under Gud. Stå emot djävulen, och han skall fly för er. Närma er Gud, och han skall närma sig er. Gör era händer rena, ni syndare, och rena era hjärtan, ni tvehågsna. Jak. 4:7-8

När vi nu fått den här översättnings-situationen klar kan vi ju fråga oss vad är det som Jesus egentligen vill lära oss?

När vi lyssnar in vad Guds vilja egentligen är i alla livets olika skeenden och villigt lyder kommer vi inte att möta så mycket prövningar och tester. Vi kan inte undgå dem helt, vi måste fostras till att bli lik Jesus. Vi behöver den helige Ande till att hjälpa oss finna den rätta vägen om och om igen.

Den rätta vägen, är och förblir Jesus Kristus, idag i morgon och för evigt.

Det är livsnödvändigt att vi förstår vad som direkt påverkar våra liv, och som kommer emot oss från den onde, som ständigt försöker förgöra vår tro och hålla oss förföriskt lockande med frestelser på olika områden i våra liv. Att det är vår fiende och vårt kött som konstant är ute efter oss för att förgöra och förvilla oss. Gud vill bevara oss och rädda oss genom att vi vakar över vilka ord som vi säger inte bara i vår bön utan ständigt. I den sista bönen innan Jesus lämnade den här världen bad Han just om detta:

Jag ber inte att du skall ta dem ut ur världen, utan att du skall bevara dem från det onda. Joh. 17:15

Vi kan också lära från Jesus när Han var frestad i öknen, han fortsatte att citera Bibeln och mötte varje frestelse med att svara: *"det är skrivet."* Lägg märke till hur frestelserna kommer från den onde själv. Jesus kunde stå emot alla den ondes frestelser inte enbart därför att han kände till skriften, utan därför att Han lydigt levde efter den.

Att kunna Bibeln är ett villkorslöst steg i att hjälpa oss att stå emot den ondes attacker, genom att leva ut det som Jesus gjorde.

Det är tre områden som vår fiende fokuserar på i allas våra liv.

1. Behov och önskningar
2. Ägodelar och makt (befogenheter)
3. Stolthet och popularitet

Jesus gav inte in till någon av dessa frestelser, men Han känner till att vi har problem därför att Han har gått igenom det.

Vi har inte en överstepräst som är oförmögen att känna med oss i våra svagheter, utan en som har prövats på alla sätt och varit som vi men utan synd. Låt oss därför frimodigt träda fram till nådens tron för att få förbarmande och nåd i den stund då vi behöver hjälp. Hebr. 4:15-16

Det finns så mycket mer som vi kan bli tillgodosedda genom att fortsätta att studera frestelser och befrielse från den onde, så jag vill uppmuntra dig att ta för dig av all den rikedom som Hans Ord ger och förbli i Hans vilja regelbundet. Tänk igen på dessa underbara ord som Han lärde oss i bönen:

Och utsätt oss inte för <u>prövning</u>, utan rädda oss från det onda.
Matt. 6:13

Låt oss lära oss att bön är enormt viktigt för att vi skall fungera i överensstämmelse med Guds vilja, och att det är något som vi behöver praktisera i enlighet med Hans instruktioner, Bibeln. Vi behöver fostras för att bli lydiga.

Det förfärligaste vi kan råka ut för är när vi är missledda att tro att vi är prövade av Gud och när vi på okunnighetens grunder utövar otro genom det sätt vi ber. Då är även bönen en styggelse.

Låt oss förvissa oss om att det absolut inte får hända, och defenetivt inte dig och mig.

Jag ber att vår herre Jesu Kristi Gud, härlighetens fader, skall ge er en vishetens och uppenbarelsens ande som låter er få kunskap om honom. Må han ge ert inre öga ljus, så att ni kan se vilket hopp han har kallat oss till, vilket rikt och härligt arv han ger oss bland de heliga, hur väldig hans styrka är för oss som tror – samma oerhörda kraft som han med sin makt lät verka i Kristus, när han uppväckte honom från de döda och satte honom på sin högra sida i himlen. Ef. 1:17-20

Nils-Erik Bergström välkomnar dina frågor och kommentarer. Nils är också tillgänglig att betjäna och ge seminarium i din kyrka. Du kan kontakta honom på **nilserik.bergstrom@telia.com**

207

www.ingramcontent.com/pod-product-compliance
Lightning Source LLC
Chambersburg PA
CBHW031955040426
42448CB00006B/365